SAINTE MONIQUE

MODÈLE ET PATRONNE DES MÈRES CHRÉTIENNES

PAR

L'ABBÉ ADOLPHE LEGOUPILS

MISSIONNAIRE APOSTOLIQUE

OUVRAGE POSTHUME

Publié par l'abbé Eugène SOYER

AUTEUR DE PLUSIEURS OUVRAGES

TOURS

LIBRAIRIE CATTIER, ÉDITEUR

ET CHEZ TOUS LES LIBRAIRES

SAINTE MONIQUE

MODÈLE ET PATRONNE DES MÈRES CHRÉTIENNES

PAR

L'ABBÉ ADOLPHE LEGOUPILS

MISSIONNAIRE APOSTOLIQUE

OUVRAGE POSTHUME

Publié par l'abbé Eugène SOYER

AUTEUR DE PLUSIEURS OUVRAGES

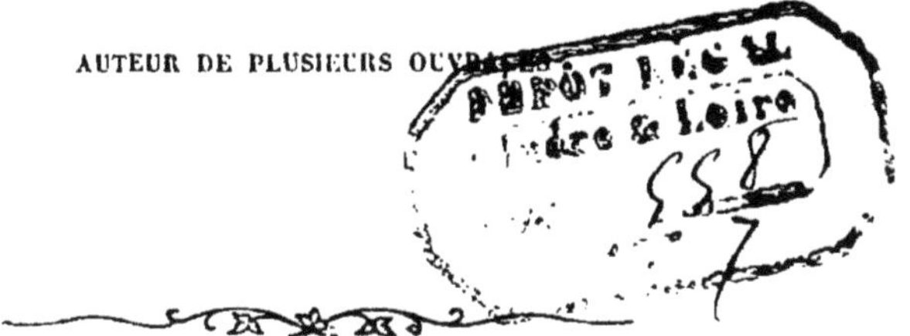

TOURS

IMPRIMERIE PAUL BOUSEREZ

5, RUE DE LUCÉ, 5

AVANT-PROPOS DE L'ÉDITEUR

Comment oser publier une *Vie de sainte Monique*, alors que nous en avons une que tout le monde a lue, et à laquelle la renommée de l'auteur suffisait seule pour lui assurer le plus enviable des succès? N'est-il pas à craindre qu'on ne prête à celle-ci aucune attention? Telles furent mes objections, lorsque l'auteur me fit part de son projet. Telles n'étaient pas les siennes, et j'avoue que les bonnes raisons furent de son côté, ainsi que me l'a prouvé la lecture de son manuscrit.

Sainte Monique est une figure tellement à part, elle occupe une place si importante, qu'on ne saurait trop la faire connaître. Dans tous les temps, des plumes sans nombre, des plus savantes et des plus habiles, ont essayé de retracer les vies de Notre-Seigneur et de sa très-sainte Mère, et nous ne voyons pas que les écrivains de l'avenir doivent renoncer à s'essayer sur de si grands sujets. Tous les jours, en effet, on publie de nouveaux travaux. Il en doit être ainsi de sainte Monique. Si jusqu'ici on a peu ou point écrit sur cette grande patronne des mères chrétiennes, nous l'espérons, maintenant que le champ est ouvert, on s'empressera de mettre en relief cette grande figure et de la populariser.

L'auteur avait un autre motif. Il voulait montrer l'application des principes exposés dans son ouvrage de *La dette de la paternité;* aucun sujet ne se prêtait mieux à ce but et ne convenait mieux à notre époque.

La société de la fin du IVe siècle avait beaucoup de points de ressemblance avec celle de nos jours. C'était la décadence. La décomposition de la famille avait amené celle du corps social, et le temps approchait où les Barbares, brisant les barrières qu'ils n'avaient jusque-là osé franchir, allaient tout renverser. L'enseignement était païen et corrupteur. Et cependant les chrétiens le recevaient comme les autres, et l'on ne voit pas que les parents s'en soient émus.

Saint Augustin nous montre, dans ses *Confessions*, les ravages effrayants qu'avait fait dans son esprit et son cœur la lecture de ces auteurs cités comme les modèles du beau langage. Ce fut pour conjurer ce mal que saint Grégoire de Nazianze, en particulier, composa une foule d'écrits, spécialement en poésie, qui devaient être mis dans les mains des élèves de son temps. De nos jours, une célèbre discussion s'est élevée à ce sujet, et nous ne voyons pas que les illusions soient tombées. M. Le Goupils donne son avis en passant, et nous ne pouvons dire qu'il ait tort.

Ce n'est pas avec moins d'à-propos qu'il fait remarquer combien est défectueuse ordinairement l'éducation reçue hors la maison paternelle. Les internats sont peut-être une nécessité de notre époque; mais il est vrai de dire que, sauf des exceptions, c'est là qu'on perd l'esprit de famille et qu'on se forme à l'esprit écolier, lequel n'est autre que l'esprit révolutionnaire. Heureux, mille fois heureux ceux qui peuvent s'y soustraire! Un jour, je communiquais ces idées à une mère de famille d'un grand sens et d'une grande distinction, qui dirigeait elle-même l'instruction de deux charmantes filles. « Ne me parlez pas, me dit-elle, des pensions, les meilleures ne valent rien ! » Cette affirmation ne sera pas du goût de tout le monde; mais il faut bien aussi l'avouer, elle ne peut être critiquée que dans ce qu'elle a de trop absolu.

Toutes les actions des saintes ne sont pas saintes. C'est d'après cet axiome que M. Le Goupils fait ressortir ce qu'il peut y avoir de blâmable dans la conduite de sainte Monique, principalement dans l'éducation de son fils. Il en fait toucher du doigt les fâcheuses conséquences.

Que de mères pourront se reconnaître! Combien, hélas! ont les mêmes douleurs, mais non les mêmes consolations! Elles ont des Augustins pécheurs, et non repentants.

O vous, sous les yeux de qui tomberont ces lignes, vous qui voudrez participer aux joies de sainte Monique, lisez, relisez ce petit livre : il est fait pour vous. Il est plein de réflexions sobres et judicieuses. Faites votre profit de celles qui peuvent convenir à votre position. Évitez les fautes de la mère d'Augustin, mais imitez ses vertus.

Villebaudon, 4 mai, fête de sainte Monique 1877.

PRÉFACE

Sainte Monique! A ce mot tout cœur tressaille : le cœur de la mère est saisi comme si on l'avait nommée elle-même; le cœur du fils est ému, comme s'il se trouvait en face de sa propre mère. C'est qu'une mère, en voyant sainte Monique, ne dit pas : C'est une sainte, ni même c'est une mère, elle dit : C'est moi! C'est ce que je dois et ce que je veux être : c'est la mère! Et le fils ne dit pas seulement : C'est la mère d'Augustin, mais c'est ma mère, c'est ainsi que je la comprends, c'est ainsi que je la veux. Si sainte Monique a versé tant de larmes, elle en a encore plus fait verser aux mères et aux fils, qui tous sont devenus ses enfants.

Sainte Monique! Ce n'est pas une histoire, une biographie que cherchent le fils et la mère. Ce ne sont pas des descriptions brillantes, des discussions savantes, des couleurs locales et autres ornements des vies vulgaires que l'on voit. Sainte Monique est plus grande et plus belle et plus touchante que cela. Sainte Monique est élevée à la hauteur du dogme de la maternité : c'est la mère de tous les enfants, et son enfant est le fils de toutes les mères. A l'écrivain de saisir ces traits généraux qui appartiennent à l'humanité entière de toutes les Moniques et de tous les Augustins.

Sainte Monique peut en quelque sorte dire aux mères, comme Jésus à l'humanité : Je suis la voie, la vérité et la vie. La voie!

c'est la marche toute tracée pour la mère dans toutes les positions de la terre. La vérité! c'est l'application exacte de toutes les lois de la nature et de la religion dans l'éducation des enfants. La vie! on est sûr d'arriver ainsi au triomphe pour soi et pour ceux qu'on aime. Faites cela, et vous vivrez!

La vie! la vie! Me sauverai-je? Sauverai-je mes enfants, nous crient les mères tentées de désespoir au milieu de notre siècle qui s'écroule? Regardez sainte Monique, son siècle, sa naissance, son fils, et le succès; et désespérez, si vous l'osez!

Sainte Monique n'est point un de ces phénomènes que le ciel ne semble montrer à la terre que pour l'étonner et décourager le commun des mortels; Monique est une simple fille d'une nommée Faconde, et dont le père n'a pas même mérité d'être connu, assez négligée par ses parents, qui la confièrent à une vieille esclave, plus livrée que mariée à un païen. Quelle est la femme de nos jours qui ne dira pas : Jusque-là rien ne m'épouvante?

Son siècle! époque de ruine et de décomposition. Le fils de Monique vit Rome prise plusieurs fois par les Barbares, et à peine avait-il fermé les yeux, que les Vandales allaient anéantir son Afrique, hélas! décomposée par les schismes et les factions, en laissant à peine à saint Augustin le temps de mourir.

Sa maison! Un mari païen et corrompu, un fils impudique et esprit fort, une belle-mère prévenue et prévenant le mari, des esclaves occupés avant tout à espionner leur jeune maîtresse pour faire leur cour à l'ancienne en travestissant les actions les plus honnêtes. Quelle est la maîtresse de maison qui ne dira pas : C'est comme chez moi et peut-être pire encore ?

Son fils! Son fils est Augustin, c'est-à-dire le génie, l'impureté, l'hérésie et l'incrédulité liguées contre la simple foi d'une femme sans instruction. Quelle mère dira : J'ai tout cela contre moi?

Et cependant Monique a vaincu, tout vaincu, et sa belle-mère, et son époux, et son fils, et leur société, jusque-là triste victime des passions d'Augustin, et n'a quitté la terre qu'après avoir tout mis au ciel ou sur la voie!

Non-seulement elle a sanctifié les autres, mais elle s'est sanctifiée elle-même en remplissant sa tâche, de sorte que tout, loin d'être un obstacle, a été un moyen. Et qui saurait que Monique a vécu sans les désordres de son fils? Comment eût-elle atteint à ce degré de perfection, qui étonnera même Augustin au moment de la mort de sa mère, sans cette lutte qui l'a forcée à se vaincre partout?

Mais elle a été malheureuse! Qui n'envie pas le bonheur de Monique en la contemplant? Avoir vécu par l'espérance et être morte de joie! où trouver plus heureux sans aller au ciel? Enfin quelle est la mère qui ne s'estimerait pas heureuse d'avoir acheté une des larmes de bonheur de sainte Monique par toutes ses larmes de douleur?

Qui fait le bonheur? c'est l'espérance. Or sainte Monique, non-seulement a toujours espéré, mais elle est l'espérance incarnée de toutes les mères. Voilà le secret de leur amour pour elle.

Telle est sainte Monique que j'offre au lecteur. Ce n'est point une sainte Monique d'imagination, telle que la rêvent, telle que la croient toutes les mères qu'on appelle bonnes; ce n'est pas même la sainte Monique des légendes du moyen âge : c'est une sainte Monique toute nouvelle, parce que c'est l'ancienne. C'est sainte Monique telle qu'elle a été, avec ses défauts d'abord, avec ses erreurs ensuite, avec sa perfection à la fin, telle en un mot qu'elle est restée moulée sur le vif dans les immortelles *Confessions de saint Augustin*. C'est là que je veux la prendre tout entière. Mais comme ce modèle de main de maître est dans un groupe mêlé à d'autres figures avec lesquels il est coulé, je serai obligé de le dégager sans le briser et sans rien y ajouter des ornements que saint Augustin ou n'a pas connus parce qu'ils sont faux, ou a écartés parce qu'il ne les a pas jugés dignes de cette grande figure de la maternité chrétienne.

Après ce premier travail, mon seul rôle sera de me tenir à côté de la grande image pour en signaler les traits caractéristiques aux visiteurs.

Au reste, toucher aux *Confessions* est déjà une témérité que j'avoue et à laquelle je ne me suis hasardé que pour être utile aux mères de nos jours, renvoyant le lecteur qui en est capable à ces grands mémoires de la philosophie, où l'esprit sérieux sera toujours épouvanté des innombrables couches d'erreur qu'il faut successivement percer pour s'élever jusqu'à la région de la lumière lorsqu'on s'est laissé tomber au fond de l'abîme et qu'on prétend remonter par le seul effort de l'examen privé.

Tout en isolant l'image de sainte Monique de tout ce qui l'entoure dans les *Confessions*, j'ai compris que Monique est comme Marie, et qu'elle ne peut se peindre sans avoir son fils dans les bras : Monique n'est rien sans Augustin, tout comme Marie n'est rien sans Jésus; mais aussi comme Marie, c'est Monique qui a donné son fils à l'Église.

Au reste, la grande figure d'Augustin est loin d'écraser celle de Monique, lors même qu'elle lui serait opposée. On dispute entre les savants pour savoir si saint Augustin est le plus grand des docteurs : personne ne conteste à sainte Monique le premier pas parmi les mères, après Marie, qui ne peut admettre d'égale au ciel et sur la terre.

L'œuvre de saint Augustin n'est pas un panégyrique, c'est une confession aussi humble que sincère, non pour révéler à Dieu des fautes qu'il connaît, comme il le dit, mais pour instruire l'humanité sur la grandeur et la cause des désordres de la jeunesse et sur le vice de l'éducation à la mode, sur laquelle il fait retomber la principale responsabilité de ses erreurs. Et on peut dire qu'il se confesse pour sa mère et pour lui. Tout en respectant les devoirs de la piété filiale, il ne craint pas de signaler les imperfections et même les fautes de sainte Monique. Ainsi la négligence de la mère de sainte Monique dans l'éducation de sa fille, l'abus d'autorité dans la conclusion de son mariage, les espérances trop mondaines que fondait sainte Monique sur les talents de son fils, son éducation trop exclusive de l'autorité maternelle entre les mains de maîtres qui ne le méritaient pas, la part presque insignifiante faite à l'enseignement religieux dans une éducation où la culture intellectuelle avait un immense développement, l'excès de la sensibilité de cette excellente mère lorsque son fils la trompe pour s'arracher de ses bras lors de son départ d'Afrique, jusqu'à trop d'importance que mettait cette sainte épouse à vouloir être inhumée à côté de son époux : tout y est apprécié par le grand moraliste au poids de la plus exacte justice. Aussi, chose étrange, ce fils, historien de sa mère, est-il le seul qui ne fasse pas continuellement le panégyrique de son héroïne. Ce n'est pas le moindre charme de cet admirable travail. Quel intérêt peut d'ailleurs offrir au lecteur sérieux une vie où l'on ne voit que des vertus, des bonnes œuvres et des miracles? Est-ce là le véritable portrait de la nature humaine? Et où est l'instruction? Et où est l'espérance? Qui peut se sentir porté à imiter un modèle auquel il ne ressemble en rien? Comment éprouver de la compassion pour un fils égaré, si on ne voyait pas l'excuse de ses égarements dans les fautes d'une éducation dont l'excellente mère ne se rend pas compte et qu'elle répare si admirablement ensuite?

L'histoire est un miroir où les vivants se regardent dans les morts. De quelle manière s'y voir tel qu'on est, et non comme un Adonis qui ne cherche que le spectacle de sa beauté? Malheur au livre qui n'offre à son lecteur qu'un miroir menteur où il ne s'admire que pour l'admirer ensuite! Le miroir n'a de valeur que pour nous dire quelles sont les taches de notre figure et le désordre de notre toilette, afin que nous les fassions disparaître. Comme mon but unique est d'écrire pour les mères, je veux qu'elles se reconnaissent dans mon livre, et que, du premier coup d'œil, elles s'y voient telles qu'elles sont et telles qu'elles peuvent, et par conséquent doivent être; telles qu'elles sont, non avec ces imperfections qui viennent du défaut de la nature et portent au désespoir par l'impuissance de la faire disparaître, mais avec cette laideur plus odieuse qui vient de la négligence et des préjugés, afin qu'à l'instant elles se mettent courageusement à réparer les désordres de leur âme, si belle en elle-même et si défigurée par les souillures. La perfection d'une gloire es^t de se faire oublier au point de ne pas être vu. Je veux donc qu'en se voyant dans ce livre, toute mère dise non qu'il est beau ou laid, ce qui serait en tout cas un blâme, mais : Jusqu'ici je n'ai pas été une mère, et je le serai désormais! Telle est la seule louange à laquelle j'aspire.

Ce but donne le cadre naturel de cet ouvrage, qui, du reste, est limité par les *Confessions*. Une mère doit avoir eu une jeunesse vertueuse. Si elle a fait des fautes, elle ne doit pas craindre, dans certaines occasions choisies avec prudence, de les signaler à ses enfants pour les instruire; elle doit être une excellente maîtresse de maison, afin que tout le monde seconde ses efforts; si son époux n'est pas vertueux, elle doit le gagner à Dieu, sous peine de voir ses enfants se perdre dans ses bras; la première éducation, qui est le principe de tout, de la vertu comme du vice, mérite avant tout son attention; si la première éducation a été manquée, c'est à la mère de ne reculer devant aucun sacrifice pour en prévenir les conséquences; enfin si la mère meurt avant ses enfants, selon l'ordre de la nature, sa sainteté progressive doit jeter alors ce dernier parfum vainqueur qui les embaume pour toute leur existence de ce regret de la piété filiale qui prolonge l'éducation au delà des limites de la vie.

Nous diviserons donc ce travail en cinq livres, avec les titres suivants : *Jeunesse de sainte Monique, Sainte Monique, maîtresse de maison, Sainte Monique épouse, Première éducation de saint Augustin, Conversion de saint Augustin, Mort de sainte Monique,* où nous verrons successivement sainte Monique se préparer pour les devoirs de sa jeunesse, transformer sa maison, puis convertir son mari, pour ramener enfin son fils qui s'était perdu par le désordre d'une maison divisée, et enfin mourir de bonheur.

J'offre cet ouvrage aux mères chrétiennes. Puisse-t-il leur servir à la sanctification de leur famille et surtout de leurs enfants! Si j'ai eu le bonheur de leur être utile, je leur demande ce que saint Augustin réclamait du lecteur des pages consacrées à sa mère, qu'elles prient pour ma mère, qui m'a élevé dans ces sentiments.

SAINTE MONIQUE

LIVRE PREMIER

DE LA NAISSANCE DE SAINTE MONIQUE JUSQU'A SON MARIAGE

CHAPITRE PREMIER.

NAISSANCE DE SAINTE MONIQUE.

Sainte Monique vint au monde en l'année 332, sous le pontificat de saint Silvestre. C'est la grande époque. Arrivé à sa virilité, le christianisme produisait alors les âmes vraiment faites à son image. Jusque-là, les fidèles n'avaient guère été que des païens convertis. Sans éducation religieuse, ils tiraient leur grandeur de l'héroïsme de la lutte contre les tyrans et de l'action miraculeuse de la grâce. Alors commençait le règne du christianisme vainqueur, se développant dans la virilité de sa constitution. Plus tard, la paix qui amollit l'homme créé pour la lutte, fera perdre aux cœurs la fermeté de la sainteté continue.

Dans cette période, l'Afrique était le plus brillant centre de la civilisation chrétienne. Alexandrie et Carthage rivalisaient à qui produirait les plus grands hommes : Clément d'Alexandrie, Origène, Tertullien, saint Cyprien, Arnobe et Lactance, pléïade étincelante qu'allait compléter avec tant d'éclat le docteur de la grâce après lequel tout devait disparaître sous le fer des Vandales, plus déshonorés par la victoire que les vaincus par la défaite. C'est sur ce sol privilégié, au milieu de cette luxuriante végétation de génies de tout genre, que parut enfin sainte Monique pour créer le génie de la maternité chrétienne, la dernière espérance du monde.

Thagaste fut son berceau. Ville ignorée d'ailleurs et complétement détruite aujourd'hui ; quelques masures arabes, sous le nom du village de Souk-Arras, recouvrent ses monuments romains ensevelis sous l'herbe ; mais elle a donné le jour à sainte Monique et par elle à saint Augustin ; c'est assez pour son immortalité : ces deux grands noms qui s'élèvent sur ses ruines à mesure qu'on s'en éloigne, au milieu du désert du passé et qu'on salue de tous les points de la terre, la signaleront à tous les cœurs chrétiens jusqu'à la fin du monde, au-dessus des plus fameuses cités.

Thagaste semble avoir été une ville non pas illustre, mais heureuse. Comme le reste de l'Afrique, elle était en grande partie chrétienne. Cependant, il y avait encore quelques païens qui conservaient le culte des faux dieux sur leur domaine, où ils entretenaient des temples privés, ouverts à leurs coreligionnaires, mais sans que la paix publique en fût troublée.

La partie chrétienne avait été totalement séduite par le schisme de Donat, qui divisait alors l'Église d'Afrique.

Mais elle l'abandonna avec un tel ensemble, lors des édits de Constantin, en 348 ou 349, que tous, sans exception, revinrent à la vérité avec une telle bonne foi et un tel zèle, que leur sincérité ne pouvait pas même être révoquée en doute. Heureuse la population animée d'un tel esprit !

Rien ne fera mieux connaître le berceau de sainte Monique et la société où elle a pratiqué ses vertus que l'extrait suivant de la célèbre lettre de son fils au donatiste Vincentius, qui lui reprochait de consentir à ce que les dissidents fussent ramenés à l'unité par les édits impériaux. Que ne peut-on la faire lire aux politiques de nos jours au milieu de nos sanglantes discussions, fruit de notre incroyable tolérance pour toutes les erreurs : « Je n'ai cédé « qu'aux exemples que mes collègues ont opposé à mon « raisonnement ; car mon premier sentiment était de ne « contraindre personne à l'unité du christianisme, mais « d'agir par la parole, de combattre par la discussion et « de vaincre par la raison, de peur de ne faire que des « catholiques hypocrites de ceux que nous savions être « ouvertement hérétiques. Ce ne sont pas de simples argu- « ments, mais des faits irrésistibles qui ont triomphé de « ma première opinion. On m'opposait avant tout ma « propre ville, qui appartenait tout entière au parti de « Donat (1), et qui s'est convertie à l'unité catholique par

____

(1) Ce mot tout entière, *tota*, peut-il admettre une exception en faveur de la famille de sainte Monique ? Alors cette sainte eût été extérieurement donatiste jusqu'à sa seizième année. Je me contente de cette question aux auteurs qui admettent tous que sainte Monique est née

« la crainte des lois impériales. Or, nous la voyons aujour-
« d'hui détester tellement notre funeste opiniâtreté qu'on
« croirait qu'elle n'en a jamais été atteinte. Il en a été ainsi
« de beaucoup d'autres villes dont on me citait les noms,
« et je reconnais qu'ici encore pouvaient s'appliquer ces
« paroles : *Donnez au sage l'occasion, et il sera plus sage*
« *encore.* Combien, en effet, — n'en avons-nous pas les
« preuves évidentes ?—frappés depuis longtemps de l'éclat
« de la vérité, voulaient être catholiques et différaient de
« jour en jour, parce qu'ils redoutaient les violences de
« ceux de leur parti ? Combien demeuraient enchaînés non
« point par la vérité, — jamais il n'y en a eu l'apparence
« au milieu de nous — mais par les pesants liens de la
« coutume, en sorte que cette divine parole s'accomplis-
« sait en eux : *ce n'est pas avec des paroles que l'on*
« *corrigera le mauvais serviteur ; même lorsqu'il com-*
« *prend, il ne se rend pas ?* Combien croyaient que le
« parti de Donat était la véritable Église, parce que la
« sécurité où ils vivaient les rendait engourdis, dédaigneux
« et paresseux pour l'étude de la vérité catholique ? A
« combien de gens fermaient la porte de l'Église les
« mensonges de ceux qui s'en allaient répétant que nous
« offrions je ne sais quoi de différent sur l'autel de Dieu ?
« Combien de gens pensaient qu'il importait peu dans
« quel parti fût un chrétien, et demeuraient dans celui de
« Donat, par la seule raison qu'ils y étaient nés, et que

catholique. Au reste, peu importe, puisqu'elle n'était point baptisée et
que a bonne foi n'est point même en question.

« personne ne les poussait à sortir de là et à passer à
« l'Église catholique?

« La terreur de ces lois, par la publication desquelles
« les rois servent le Seigneur avec crainte, a profité à
« toutes ces classes dont je viens d'indiquer les états
« divers ; et maintenant parmi eux les uns disent : « Voilà
« ce que nous sentions depuis longtemps : rendons grâces
« à Dieu qui nous a donné l'occasion de le faire enfin, et
« a coupé court à tous nos retards. » D'autres disent :
« Nous savions depuis longtemps que la vérité était là ;
« mais je ne sais quelle coutume nous retenait : rendons
« grâces à Dieu qui a brisé nos liens pour nous faire pas-
« ser dans ceux de la paix. » D'autres disent : « Nous
« ignorions que la vérité se trouvait là et nous ne voulions
« point l'apprendre ; mais la crainte nous a rendus atten-
« tifs aux enseignements ; nous avons eu peur de perdre
« nos biens temporels, sans profit pour l'éternité : rendons
« grâces à Dieu qui a excité notre indolence par l'aiguillon
« de la crainte et nous a poussé à chercher dans l'inquié-
« tude ce que nous n'avons jamais désiré connaître dans
« la sécurité. » D'autres encore : « De fausses rumeurs
« nous faisaient redouter d'entrer ; nous n'en aurions pas
« connu la fausseté si nous n'eussions franchi le seuil, et
« nous ne l'aurions jamais fait sans la contrainte : nous
« rendons grâces à Dieu de cette violence qui nous a fait
« triompher de nos alarmes, et nous a montré par l'expé-
« rience tout ce qu'il y a d'imaginaire et de menteur dans
« les bruits répandus contre son Église : nous concluons

« que les auteurs du schisme n'ont débité que des faussetés
« en voyant leurs descendants en débiter de pires. »
« Enfin, d'autres disaient : « Nous pensions que peu im-
« portait où l'on observât la foi du Christ : nous rendons
« grâces à Dieu de nous avoir retirés du schisme et de nous
« avoir montré qu'il convient à son unité d'être adorée
« dans l'unité. »

On voit par ce morceau d'éloquence si franche, que
Thagaste tout entière était séparée de l'unité, ce qui fait
planer au moins un doute sur l'enfance de sainte Monique.
Si les parents eussent fait une exception à cette généralité,
est-ce que la piété filiale, à défaut de la simple équité, n'eût
pas fait un devoir à leur petit-fils de la signaler ? Au reste,
la sincérité avec laquelle tous s'étaient convertis avait été
pour le docteur une démonstration invincible de l'utilité
de la contrainte momentanée pour le bien, dans certaines
circonstances. Puisque saint Augustin ne craint pas de dé-
clarer la famille de sainte Monique *un bon membre de
l'Église*, il est évident qu'elle se sera signalée parmi toutes les
autres par sa joie d'être sortie du schisme et par l'horreur
des sectaires. Cette horreur ne sera-t-elle point en partie
la cause de l'indicible douleur que sainte Monique éprou-
vera lorsqu'elle saura son fils tombé dans l'hérésie des
Manichéens ?

On ignore complétement ce qui concerne le père de
sainte Monique, même son nom. Pas un trait avantageux
raconté par sa fille à son petit-fils et conservé dans les
Confessions ! Pas un mot dans les légendes ! Il fallait que

ce fût un homme bien vulgaire en tout ! Il a pourtant été l'aïeul de saint Augustin et le père de sainte Monique, tandis que tel grand homme n'a eu que des idiots pour descendants ! Consolez-vous, pauvres gens ! Humiliez-vous, esprits superbes !

La mère se nommait Faconde, selon la tradition. Était-ce une femme distinguée par la piété et par le talent ? Quatre observations de son petit-fils, qui n'a pas cru devoir la nommer, *portent* à en douter : 1° *Sainte Monique se louait plus pour son éducation d'une vieille esclave que de sa mère; 2° elle fut plus soumise à ses parents par Dieu, qu'à Dieu par ses parents; 3° son éducation fut plus morale que religieuse; 4° enfin, elle fut plus livrée que mariée.* Assez ! Faconde laissait évidemment à désirer pour sa vigilance, sa piété et même son dévouement pour sa fille, qu'elle empêchera de faire vœu de virginité pour la *livrer* à un païen, qui ne méritait pas un tel trésor.

Nous verrons plus tard la funeste influence de la négligence de Faconde sur la première éducation religieuse de son petit-fils. Elle n'avait point offert à sa fille le modèle des devoirs de la maternité; aussi cette pauvre enfant commencera-t-elle par élever son fils comme elle fut élevée elle-même, d'une manière vulgaire au point de vue de la foi. Elle ne sentira ses entrailles de mère chrétienne tressaillir qu'à la vue de l'abîme du manichéisme où son malheureux fils sera tombé par sa négligence.

On ignore le nombre des enfants de Faconde, quoiqu'on sache que sainte Monique avait des sœurs élevées comme elle, par la même vieille esclave, dans le même respect du devoir et de la sobriété.

Cette famille était-elle riche? Elle semble avoir eu la forme et les habitudes de l'opulence, puisqu'on voit des esclaves dans la maison. Cependant, saint Augustin dans son *Traité contre les Académiciens* se déclare *pauvre,* quoique sa mère eût été mariée en vue de la supériorité de la fortune de son mari ; d'où il faut conclure que les parents de sainte Monique étaient au-dessous de l'aisance ordinaire, et obligés de s'imposer des privations pour se maintenir dans le rang de leurs ancêtres. C'est probablement dans cet esprit de gêne présente et le souvenir d'une richesse passée, au milieu desquels sainte Monique grandira, qu'il faut chercher la cause de l'éblouissement produit sur elle par les espérances de fortune et de gloire que faisaient concevoir les heureuses dispositions de son enfant.

Cependant, malgré leur ambition qui porta les parents de sainte Monique à la marier contre son gré et les lois de l'Église, ils étaient charitables, puisqu'ils inspirèrent à leur fille ce vif amour des pauvres qui la domina pendant tout le cours de sa vie : belle vertu, qui prépare la véritable grandeur en attirant la bénédiction de Dieu et des hommes.

Tels sont les détails que l'histoire nous a transmis sur l'origine de sainte Monique. Nous les avons recueillis avec un religieux respect, pour y étudier, comme dans leur germe, le principe des vertus en même temps que des imprudences de la patronne des mères chrétiennes.

CHAPITRE II.

ÉDUCATION DE SAINTE MONIQUE.

L'Église ne se regarde comme la mère que de ceux qui sont baptisés. Jusque-là, elle peut leur offrir même ses soins ; mais elle ne les impose point. La première question à résoudre est donc l'époque du baptême de sainte Monique, afin de voir la part que la religion pourra réclamer dans son éducation.

Que le lecteur pardonne la discussion suivante ; elle est nécessaire et d'ailleurs pleine d'instruction.

Quoiqu'on ait toujours baptisé les petits enfants, comme on peut le voir, en particulier dans saint Cyprien et saint Augustin, cependant les raisons semblent si fortes pour et contre, que l'Église laissa d'abord les parents et les fidèles maîtres du choix, jusqu'à ce qu'une longue expérience lui ait permis de fixer irrévocablement la pratique, telle que nous la voyons aujourd'hui.

La crainte de ne pas conserver l'innocence baptismale ou de s'exposer aux rigueurs de la pénitence sacramentelle, qui alors ne s'accordait probablement qu'une fois, portait à différer le plus possible d'entrer dans l'eau de la régénération, au moins jusqu'à ce qu'on se fût rendu assez maître de ses passions pour espérer de ne point commettre de péché mortel, et par conséquent de ne point avoir besoin de l'absolution plus d'une fois. Voilà ce qui explique pourquoi certains personnages célèbres pour leur sainteté semblent n'avoir point eu recours au sacrement de pénitence.

Il n'était pas rare de voir des personnes qui, par scrupule ou pour se livrer à leurs mauvais penchants, différaient leur baptême jusqu'au moment de la mort. C'était un abus énorme, contre lequel l'Église a toujours réclamé.

Des esprits éclairés conseillèrent de différer le baptême jusqu'après le mariage, ou le vœu de virginité si l'on se consacrait à Dieu. C'est le parti que les parents de sainte Monique me semblent avoir pris pour leur fille (1).

(1) En voici la preuve. Je la tire d'un passage du livre du baptême de Tertullien, qui n'est que l'écho de la pratique observée alors par l'Église : « A ceux qui administrent le baptême, de savoir qu'il ne s'accorde « point légèrement. Donner à qui vous demande est beau; mais seule- « ment lorsqu'il s'agit de l'aumône. Mais il faut plutôt penser à ne « donner point les choses saintes aux chiens, ne point jeter vos perles « aux pourceaux, et ne point imposer les mains trop facilement pour ne « point partager les fautes des autres. Si saint Philippe baptise si promp- « tement l'eunuque, réfléchissons que le choix de Dieu s'était fait voir « d'une manière claire et manifeste : le Saint-Esprit avait commandé « à saint Philippe de prendre cette voie. De son côté l'eunuque ne fut « pas trouvé oisif de manière à demander le baptême sans préparation... « Saint Paul aussi fut baptisé promptement; mais déjà Simon, qui le « logeait, avait connu qu'il était un vase d'élection. C'est ainsi que le « choix divin commença par donner ses preuves. Mais celui qui de-

Lorsque saint Augustin dit, dans ses confessions, en parlant de sa jeunesse, que sa mère, il est vrai, était sortie de Babylone, mais qu'elle marchait encore d'un *pas trop lent dans le reste de ses devoirs*, ne laisse-t-il pas voir clairement que son baptême, désigné par la sortie de Babylone, symbole du monde, était encore tout récent?

Évidemment elle n'était point baptisée lorsqu'elle se laissait entraîner à boire en secret, autrement son fils n'eût pas dit qu'il ne lui connaissait aucune faute depuis son

« mande peut tromper et se tromper. Voilà pourquoi, selon la condi-
« tion, les dispositions et l'âge de chacun, le délai du baptême peut
« être préférable, surtout à l'égard des enfants. Où est la nécessité
« d'engager la responsabilité des parrains et des marraines? Ils peuvent
« ou être enlevés à leurs obligations par la mortalité, ou être trompés
« par le développement du mauvais naturel de l'enfant. Sans doute, le
« Maître dit : N'empêchez point les petits enfants de venir à moi.
« Qu'ils viennent donc, mais en grandissant; qu'ils viennent, mais
« en s'instruisant, mais en apprenant où ils viennent; qu'ils devien-
« nent chrétiens lorsqu'ils peuvent connaître le Christ. Pourquoi l'âge de
« l'innocence se hâterait-il d'arriver à la rémission des péchés? On
« agit avec plus de réserve dans les choses séculières, et l'on confierait
« les choses divines à ceux auxquels on ne confie point la possession
« de la terre! Qu'ils sachent demander le salut, pour que vous pa-
« raissiez ne l'accorder qu'à leur demande. On n'a pas moins de motifs
« de différer tant qu'ils ne sont point mariés, à cause de l'imminence
« des tentations, et les vierges dans l'effervescence de l'âge et les veufs
« pour leur isolement, jusqu'à ce qu'ils se marient ou qu'ils se soient
« formés à la continence. Ceux qui comprennent l'importance du bap-
« tême en comprendront plus la réception que le délai. La fidélité
« absolue est assurée du salut (Ch. XVIII). »

1*

baptême, surtout après avoir rapporté tous les détails de cette affaire.

Saint Augustin eût-il pu tenir le même langage si sainte Monique eût été baptisée lors de son mariage avec un païen? Quoique la différence de culte ne fût point encore un empêchement dirimant, ces sortes d'alliances étaient alors, comme il convenait, traitées de la manière la plus sévère, par les docteurs catholiques, ainsi que nous le verrons lors du mariage de sainte Monique.

Il faut donc conclure que sainte Monique n'était point encore baptisée à cette époque de sa vie.

Le fut-elle immédiatement après son mariage? Quoique saint Augustin ne le dise point, ce fait résulte de deux passages des Confessions, de celui entre autres où nous voyons que sainte Monique prépara elle-même son enfant au baptême pendant une maladie qu'il éprouva au sortir de l'enfance. Or, pour connaître la préparation prochaine au baptême il fallait être *initié*.

Sans doute sainte Monique fut élevée pour le christianisme, mais sans connaître les admirables mystères de la religion, sans participer aux sacrements, sans être rigoureusement soumise aux lois de l'Église. Voilà pourquoi son fils dit qu'elle fut élevée plus moralement que religieusement.

Quoique le délai du baptême eût de grands inconvénients, exposât le salut des enfants et fît perdre la plus belle partie de la vie, cependant il avait l'avantage de faire mieux sentir l'importance de la grâce baptismale, la nécessité de la persévérance jusqu'à la mort. Le sacrement de pénitence devenait alors secondaire et beaucoup de chrétiens n'étaient pas obligés d'y avoir recours pendant le reste de leur vie.

Abordons maintenant le sujet de ce chapitre.

Sainte Monique eut dès son enfance ce que nous appellerions aujourd'hui le sens religieux et la fidélité à la grâce de Dieu, qui fit lui-même, pour ainsi dire, son éducation. « C'est vous qui l'avez formée, ô mon Dieu; et ni son « père ni sa mère ne prévoyaient qu'une telle fille dût « sortir d'eux. C'est la verge et la discipline de votre fils « qui l'ont instruite dans votre crainte. »

Toute l'éducation de sainte Monique est dans ces paroles profondes. Sainte Monique, quoique catéchumène, connut Jésus-Christ et l'aima, non de cet amour purement sensible qui ne touche que la partie charnelle du cœur, mais de cet amour profond qui se soumet et se donne tout entier. JésusChrist fut son maître absolu, non pas un maître qui n'a que des paroles d'amour, mais un maître armé de la verge qui châtie et dont on s'empresse de suivre les commandements dans toute la rigueur. Ce véritable amour de Dieu, dont la crainte est le commencement et la fin, n'existe plus. L'amour de Dieu, dans notre jeunesse, est familier, impérieux, despotique, si je puis parler ainsi. On n'aime pas Dieu pour lui obéir, mais pour se faire obéir de lui, c'est-à-dire pour obtenir de lui ce qu'on veut. Amour d'enfant gâté qui finit toujours par la révolte et l'abandon dès que les caprices religieux sont contraires.

Sauf l'explication précise des mystères, l'éducation de sainte Monique fut chrétienne et conforme à celle que les familles vraiment religieuses donnaient alors à leurs filles. On peut s'en faire une idée en comparant le Pédagogue de Clément d'Alexandrie ; les lettres de saint Jérôme à Gaudens et à Lœta, enfin les traités de saint Augustin, sur la Doctrine chrétienne et l'Instruction des ignorants.

Comme ces grands génies sont d'accord sur le fond, attachons-nous à saint Jérôme, dont les avis ont pour but direct l'éducation des filles.

Le grand docteur commence par les règles les plus rigides sur la composition de la maison. Conversations, choix des esclaves et des gouvernantes, tout est traité. Point de la plus haute importance, sans lequel rien ne peut être tenté avec succès.

La jeune personne doit être accompagnée partout, dans toutes ses sorties, même à l'église. Quelle folie de laisser une jeune personne errer à l'aventure, même sous prétexte de piété. Les légendes disent de sainte Monique qu'elle se dérobait quelquefois pour aller au lieu saint où on la trouvait seule priant Dieu. C'est beau, mais c'est tout simplement faux, complétement en opposition avec les mœurs romaines, même païennes. Une fille libre qui eût eu cette conduite eût été mal notée, et on eût eu raison.

Les règles de la tempérance ne sont pas moins sévères. Aussi le grand moraliste ne voudrait pas que la jeune personne mangeât à la table de ses parents, de peur que la vue des mets n'excitât sa gourmandise. Des légumes avec des petits poissons seulement de temps en temps ! Voilà sa nourriture. Ce point ne fut pas exécuté pour sainte Monique que nous voyons à la table de ses parents.

Abstinence complète de vin. C'est aussi la doctrine du *Pédagogue :* « Le vin, dit le maître de l'école d'Alexandrie, « d'après saint Paul, n'est qu'un remède pour les malades, « et *en petite quantité,* pour signifier que ce remède, si « on l'employait à trop hautes doses, rendrait un autre « traitement nécessaire. La boisson naturelle de l'homme « sobre pour la soif est l'eau. C'est de l'eau, et de l'eau « seule coulant du rocher, que le Seigneur donna aux « anciens Hébreux, pour seule et simple boisson de tem-« pérance... Je loue et j'admire ceux qui aiment l'eau « comme le remède de la tempérance, et fuient, autant « qu'ils peuvent, le vin comme le feu. Notre avis est que « les garçons et les filles s'abstiennent de vin, même « comme remède. Ce n'est point à cet âge bouillant qu'il « convient de donner le vin, le plus brûlant de tous les « liquides (1), comme si on jetait le feu dans le feu. De là les « inévitables passions, les feux dévorants et les mœurs em-« brasées. » Qu'on cherche maintenant la source des passions qui dévorent la jeunesse ! Nous verrons plus tard que la gouvernante de la jeune Monique ne lui laissait pas même boire de l'eau entre ses repas, et saint Augustin

---

(1) Qu'eût-il donc dit de l'eau-de-vie et des alcools qui tuent aujourd'hui la jeunesse et les tempéraments les plus robustes.

l'admire et sainte Monique lui avait voué une reconnaissance éternelle!

C'est sur le choix des lectures, le travail, l'emploi de la journée, que saint Jérôme est intéressant. Voici le plan d'instruction; pourquoi n'y reviendrait-on pas? Dès les premières années la jeune fille doit s'accoutumer à réciter les psaumes. A sept ans elle commence à les apprendre par cœur. Les exercices de lecture sont des passages de la Bible. Enfin le docteur veut que les Livres saints servent de diamants à sa jeune élève. Alors il n'y avait point de texte officiel. Dans le choix qu'elle fera des exemplaires, elle ne cherchera ni l'or ni le prodige des enluminures, mais la pureté et la correction du texte, éclairé par des notes instructives. On est frappé de voir les deux grands docteurs de cette époque, saint Jérôme ici et saint Augustin dans le livre de l'*Avantage de commencer par croire,* se réunir pour dire qu'on ne peut lire la Bible sans être dirigé par des maîtres ou par des notes.

Voici l'ordre assigné pour le cours d'Écriture sainte des filles. La jeune personne commencera par apprendre les psaumes si propres à élever l'âme. Quelle poésie comparable à celle des Psaumes, et comme elle va au cœur! Les Proverbes de Salomon lui révèleront la sagesse pratique de la vie et l'Ecclésiaste lui inspirera un noble mépris pour les pompes du siècle. Dans Job elle trouvera un modèle accompli de résignation et de patience. Enfin elle s'attachera aux Évangiles pour ne jamais les quitter, et pénètrera son cœur et sa mémoire des Actes des Apôtres et de leurs

Épitres. Lorsqu'elle aura enrichi son âme de ces divins trésors, elle étudiera les Prophètes, le Pentateuque, les Paralypomènes, le livre d'Esdras et celui d'Esther. Elle terminera par la lecture du Cantique des cantiques, qui alors ne lui présentera aucun danger. Qu'elle repousse loin d'elle tous les écrits apocryphes. Elle aura sans cesse sous les yeux les œuvres de Cyprien ; qu'elle lise attentivement les lettres d'Athanase et les livres d'Hilaire. Qu'elle s'attache surtout à ces ouvrages inspirés par une piété et une foi qui ne se démentent pas un instant d'un bout à l'autre. Si elle jette ses regards sur quelques autres, elle jugera ce qu'elle lira, et ne l'adoptera point sans examen... (Lettre à Lœta, 19).

Saint Jérôme tient tellement à ces avis qu'il ne balance pas à conseiller à Lœta d'envoyer sa fille, après l'avoir sevrée, au couvent de Bethléem, si elle ne se sent pas capable de les faire exécuter.

Viennent ensuite les conseils sur le choix d'une gouvernante et sur la distribution du temps. « Donnez pour « gouvernante à votre fille une femme d'âge mûr, dont « la piété soit exemplaire, la conduite irréprochable, qui « lui apprenne et l'accoutume par son exemple à se lever « la nuit pour prier et réciter des psaumes, à chanter des « hymnes au jour naissant, à se recueillir aux différentes « heures de la journée, à montrer la vigilance infatigable « d'une servante du Christ, et à couronner le soir les « œuvres de la journée par de pieux exercices faits à « la lueur du flambeau. Ainsi le jour doit se passer ; ainsi

« la nuit doit la trouver au travail, la prière et la lecture
« se succèdant tour à tour. Le temps paraîtra court lors-
« qu'il sera coupé par des travaux si variés. Elle appren-
« dra en même temps à travailler la laine, à tenir la
« quenouille, à tourner le fuseau, à manier l'aiguille. Mais
« peu de travaux de soie et de fils d'or. Les habits auront
« pour but de garantir du froid, et ne ressembleront en
« rien à ces vêtements immodestes qui, par un honteux
« artifice, ne servent qu'à faire paraître les parties du
« corps qu'ils semblent destinés à cacher. »

Tel est le plan qui dut être plus ou moins suivi pour l'éducation de sainte Monique, puisqu'on le retrouve dans les principaux monuments de l'époque et que saint Augustin déclare que sa mère fut élevée par la verge et la discipline du Fils de Dieu.

Mais ce qui caractérisa surtout cette éducation, ce fut, dit saint Augustin, la pudeur et la sobriété. C'est l'essentiel pour l'éducation des femmes. Toutes les autres vertus ou sont nécessaires pour la pratique de celles-ci ou sont produites par elle.

Dans notre siècle on pourrait renverser le mot et dire qu'aujourd'hui les femmes sont élevées sans pudeur et sans sobriété. Aussi quels sont les résultats?

Sans pudeur! Toute leur éducation consiste dans les arts d'agrément, c'est-à-dire dans l'art de séduire et d'être séduite. Mais vous direz : C'est pour plaire à leurs maris lorsqu'elles seront établies! Malheureuse réponse! Est-ce qu'une jeune fille doit même avoir une telle perspective?

Mais cette réponse est fausse, puisque les femmes quittent ces arts dès qu'elles sont établies.

On n'obtient d'efforts pour toutes ces vaines études, dont on les surcharge, que par l'ordre des places, la mise au tableau d'honneur et les distributions de prix, autant de primes à l'orgueil et à l'envie de paraître et d'être louée. Une chose doit étonner, c'est qu'il reste encore une ombre, je ne dis pas de pudeur, il n'y en a plus, mais de chasteté. Il faut qu'elle ait été enracinée bien avant au cœur de la femme par la vieille éducation chrétienne. Mais attendez encore un pas du progrès!

La sobriété, la grande gardienne de la chasteté, a disparu avec la pudeur. Les mœurs païennes sont dépassées. Les matrones romaines embrassaient leurs maris en rentrant pour leur montrer qu'elles ne buvaient pas de vin, même en secret : maintenant elles boivent l'alcool en public !

Que deviendront les générations?

CHAPITRE III.

ROLE DE DEUX ESCLAVES DANS L'ÉDUCATION DE SAINTE MONIQUE.

Les serviteurs jouent nécessairement, en bien et en mal, un rôle immense dans l'éducation des enfants. Aux parents d'utiliser le bien et de neutraliser le mal. Nous voyons deux esclaves dans la maison de Faconde, l'une bonne et l'autre mauvaise, qui, par le bon sens de sainte Monique, lui furent toutes les deux utiles.

Commençons par la bonne.

Voici d'abord son éloge par le grand maître : « Ma mère, « dit saint Augustin, se louait moins de sa mère que d'une « vieille esclave, qui avait autrefois porté son père enfant « sur son dos, comme les jeunes mères ont coutume de le « faire. En retour de ces soins et par respect pour sa vieil- « lesse et la sainteté de ses mœurs, elle jouissait dans cette « maison chrétienne d'une sorte d'honneur de la part de « ses maîtres, à ce point qu'on alla jusqu'à lui confier le « soin de ses jeunes maîtresses ; elle s'en acquittait avec « exactitude, se montrant et animée d'une sainte sévérité « par les reprimandes lorsqu'il en était besoin, et fidèle à « la discrétion pour les instruire. »

Quels éloges, et de la famille d'abord et de l'esclave ensuite !

Avant tout, rendons hommage à ce chef de maison qui se montre reconnaissant pour une pauvre esclave, qui, comme une jeune mère, avait prodigué ses soins à son jeune maître, malgré la sorte d'empire qu'un tel dévouement avait dû lui donner. Lorsqu'elle fut vieille, il ne la vendit point pour se dispenser de la nourrir ! C'est beau parce que c'est rare, si rare que saint Augustin fait observer que c'était dans une famille chrétienne. Aussi Dieu récompensa-t-il la reconnaissance de cet homme en lui donnant une fille digne d'être élevée par une telle femme et de devenir sainte Monique. Il est à regretter qu'on ignore le nom de cette esclave, à laquelle est probablement due la gloire et la sainteté de cette famille. Saint Augustin, qui alors méprisait souverainement la renommée, ne nous l'a pas transmis. Qu'importe ! Il est écrit dans les cieux où les maîtres, sainte Monique et saint Augustin, béniront éternellement leur servante.

Mais ce qu'on ne saurait assez louer, c'est le dévouement de ces serviteurs humbles qui se sacrifient aux véritables intérêts de leurs maîtres comme aux leurs propres. Loin de les récompenser, le monde ne les connaît pas; mais que leur gloire sera grande dans les cieux où les premiers sont les derniers et les derniers les premiers ! Qui sait ! il peut se faire que la récompense de la vieille esclave soit plus belle que celle de sainte Monique et de son illustre fils !

Le défaut le plus à craindre dans les serviteurs, c'est qu'en flattant les enfants ils ne se fassent plus aimer que les parents, et détruisent ainsi leur autorité. Cette bonne fille, loin de donner dans cet excès, se montrait *véhémente* dans ses réprimandes. Mais ce n'était point par une passion inconsidérée, c'était par une *sainte sévérité,* une sévérité que lui inspirait le caractère de la sainteté ! Loin d'irriter, elle inspirait ainsi une terreur religieuse ! Nous ne voyons pas que Faconde ait été véhémente, qu'elle ait puni ses filles ; cependant était-elle animée comme cette esclave ? *Sainte Monique se louait moins de sa mère que de son esclave.*

Un défaut non moins à redouter dans les serviteurs, c'est qu'ils sont bavards, pas discrets et révèlent tout aux enfants, qui se trouvent par là instruits de ce qu'ils doivent ignorer. Notre vieille esclave était dans ses instructions *prudente...* ce n'est pas assez, d'une *prudence sobre.* Elle était sobre dans sa prudence ! Quel éloge dans ce seul mot !

Il n'y a que les bons maîtres qui forment de tels serviteurs ; il n'y a que de tels serviteurs à former de tels maîtres ; et il n'y a que de tels élèves à savoir louer dignement de telles leçons.

Qu'est-ce qui avait le plus frappé sainte Monique dans les leçons de sa vieille esclave ? Qu'est-ce qui a paru à saint Augustin le plus digne d'être conservé à la postérité ? Le voici : Hors l'heure des repas qu'elle prenait à la table de ses parents, mais avec la plus grande sobriété, elle ne voulait point permettre que la jeune fille bût même de l'eau quelque brûlante que fût sa soif, afin de prévenir une mauvaise habitude, ajoutant une réflexion pleine de séns : *Présentement vous buvez de l'eau, parce que vous n'avez pas le vin à votre disposition ; mais lorsque vous serez établie et maîtresse des caveaux et des celliers, l'eau ne vous plaira plus, et cependant l'habitude de boire continuera. Avec cette raison dans l'enseignement et cette autorité dans le commandement,* elle réprimait l'avidité d'un âge trop tendre, et elle formait la soif de cette jeune fille à une mesure honnête, afin qu'elle n'eût plus le désir de ce qui ne convenait point.

C'est donc la sobriété, même pour les femmes, qui est le dernier mot de l'éducation. N'est-ce pas la sobriété qui fut l'épreuve dans le paradis terrestre ? C'est pour n'avoir pas pu supporter la privation d'un fruit qu'Ève et Adam ont perdu le monde.

Dans son *Traité de la mauvaise honte,* le païen Plutarque recommande aux parents de former avec soin leurs enfants à refuser obstinément de boire lorsqu'on les presse de le faire. Les Spartiates allaient jusqu'à faire enivrer un esclave devant leurs enfants pour leur inspirer l'horreur du vin qui met en cet état. Que diraient ces païens de l'éducation de nos jours !

Mais une si admirable direction n'eut point d'abord tout l'effet qu'on devait en attendre, probablement à cause de la connivence d'une mauvaise esclave qui se trouvait également dans la maison. Comme elle accompagnait sa jeune maîtresse au cellier pour chercher le vin des repas, elle la laissa prendre l'habitude d'y boire en secret, si elle ne l'y engagea point. Heureusement que, plus tard, elle reprocha cette faute à la jeune Monique, dans un mouvement de colère, ce qui la corrigea. Mais laissons raconter le trait à saint Augustin :

« Malgré les précautions de la vieille esclave, ma mère,
« dit saint Augustin, s'était laissée entraîner peu à peu à
« la passion du vin, ainsi que notre servante me le racon-
« tait, à moi son fils. Comme ses parents, se fiant à la
« sobriété de leur fille, l'envoyaient, selon l'usage,
« chercher le vin à la cave, Monique, après avoir rempli
« la coupe, ne pouvait s'empêcher, avant de la verser dans
« sa bouteille, d'y mettre les lèvres pour en avaler quelques
« gouttes seulement, car sa délicatesse ne lui permettait
« pas encore d'aller plus loin ; ce n'était point par ivro-
« gnerie qu'elle le faisait, mais par cette pétulance qui
« éclate en folles saillies que l'enfance ne peut maîtriser,
« mais qui a coutume de céder à l'autorité des supérieurs.
« *Comme celui qui méprise les petites fautes tombe peu à
« peu dans les grandes,* il arriva qu'en augmentant un peu
« tous les jours, elle contracta l'habitude du vin, et finit
« par vider avec délices des coupes presque pleines. Qu'é-
« taient devenues les leçons de la vieille et prudente
« esclave et ses défenses expresses ? Quel remède pouvait
« guérir cette maladie secrète, si ce n'est, ô mon Dieu,
« votre grâce qui veille toujours sur nous ? Dans l'absence
« de son père, de sa mère et de ceux qui la gouvernaient,
« vous étiez présent, vous qui nous avez créés, qui nous
« rappelez à vous, et qui parfois même utilisez pour le
« salut des âmes les iniquités des méchants ; que fîtes-vous

« donc? Comment opérâtes-vous sa guérison? Comment
« la rendîtes-vous à la santé? N'est-ce pas vous qui fîtes
« sortir d'une bouche étrangère une langue acérée et san-
« glante qui, comme le fer médicinal de votre secrète pro-
« vidence, trancha d'un seul coup la racine du mal?
« L'esclave qui l'accompagnait ordinairement à la cave,
« s'étant prise de querelle avec elle, comme c'est l'ordi-
« naire entre les enfants et les serviteurs, lui reprocha
« cruellement son vice et l'appela ivrognesse. Ce fut pour
« elle un trait de lumière. Elle voit la laideur de sa faute,
« l'avoue et se change. Tandis que les flatteries de nos
« amis nous perdent, les reproches de nos ennemis peu-
« vent nous sauver. Aussi les punissez-vous, non pour ce
« que vous faites par eux, mais pour ce qu'ils veulent. Par
« exemple, cette esclave en fureur s'était proposée d'hu-
« milier et non de corriger sa jeune maîtresse. Aussi était-
« ce en secret, soit qu'elles fussent seules au moment de
« la querelle, ou que cette malheureuse craignît ses maî-
« tres pour avoir caché cette conduite. Mais vous, Seigneur,
« qui gouvernez le ciel et la terre, qui détournez pour vos
« desseins le torrent dévastateur, qui réglez le cours ora-
« geux des siècles, vous avez fait servir la corruption d'une
« âme à la guérison d'une autre. En contemplant cette
« conduite nous ne pouvons avoir l'orgueil d'attribuer à
« notre mérite la conversion de celui que nous entrepre-
« nons de corriger. »

Que dire après cette grande leçon de philosophie morale? 1° Les parents sont toujours trompés par les mauvais

serviteurs, qui se prêtent à toutes les passions de leurs enfants ; 2° les enfants qui comptent sur le secret de ces âmes serviles sont toujours trahis par elles, ou devant leurs parents, ou devant le public, ou en secret par des mépris sanglants. Que les uns et les autres apprennent donc à les regarder comme leurs plus cruels ennemis.

Quelle folie de nous irriter des reproches qu'on nous adresse pour nos fautes, même dans l'intention perverse de nous blesser ! Laissez à ces cœurs mauvais la méchanceté de leur désir et profitez de l'avantage d'être averti de votre défaut, le seul service que vous puissiez désirer, quand vous avez eu le malheur de vous y laisser aller.

On paie bien cher des maîtres de toute espèce ; les meilleurs, dit Plutarque, et ils ne coûtent rien, ce sont nos ennemis. Ils nous signalent toutes nos fautes et tous nos vices. Pourquoi nous irriter et devenir pires, au lieu de nous corriger en nous félicitant de n'avoir rien à débourser pour le médecin qui nous guérit ?

Telle est la leçon que sainte Monique avait recueillie de ce fait et qu'elle transmettait à son fils. Telle est la manière dont une bonne mère doit apprendre à ses enfants à profiter de la méchanceté même de leurs ennemis pour devenir meilleurs. Assurément saint Augustin a trouvé de la science dans les livres des philosophes, mais combien n'en a-t-il pas trouvé dans le cœur de sainte Monique ?

CHAPITRE IV.

OBSERVATIONS SUR L'ÉDUCATION DE SAINTE MONIQUE.

Assurément le plan d'éducation, tel que saint Jérôme, saint Augustin et les pères de cette époque semblent l'avoir connu, est un modèle digne de la méditation de ceux qui voudraient sérieusement travailler à une reconstruction sainte. Quelle influence cet enseignement, basé sur la parole même de Dieu, expliqué sincèrement par des maîtres dignes, n'aurait-il pas sur les jeunes cœurs! Puis le devoir de méditer sans cesse cette parole contenue dans un livre sacré, conservé religieusement, et qui devrait être l'objet de lectures journalières, ne serait-il pas pour toute la vie une lumière toujours brillante en se développant avec la réflexion de l'expérience?

Quant à la manière dont cette méthode dut être suivie dans la maison de Faconde, on est loin de prétendre qu'elle n'ait rien laissé à désirer. Mais quelque incomplète qu'elle ait été, cette éducation eut deux grandes qualités qui font totalement défaut aujourd'hui : la simplicité et l'austérité avec lesquelles cette femme, vraiment forte, fut formée presque exclusivement à l'obéissance, à la pudeur, et à la sobriété, trois vertus qui furent portées si loin par sainte Monique, que saint Augustin les célèbre sans cesse.

L'obéissance, qui est le principe de toutes les vertus de la femme, était si héroïque dans cette femme admirable que le docteur de la grâce y voit un don particulier du ciel. Jeune fille, elle obéissait à ses parents par principe de religion ; épouse, elle obéissait à son époux comme à son maître ; veuve, tout en commandant par sa vertu, elle paraissait encore à Milan être la servante de tout le monde. L'obéissance fut toujours sa seule science pratique d'administration : c'est la seule obéissance qu'elle conseillait à ses amis qui la consultaient. Et cependant elle a été la plus puissante des femmes connues dans l'histoire, puisqu'elle a réussi en tout et dans les circonstances les plus difficiles.

O que l'obéissance religieuse de la femme est irrésistible !

Cet esprit de douceur et de déférence de la mère se retrouve dans le fils avec les nuances exigées par la position. Quiconque a étudié les Pères de l'Église, est frappé de ce fait que saint Augustin se signale entre tous par son respect pour ses adversaires, dans la controverse.

La charité de sainte Monique ne brillait pas d'un moindre éclat. Cet ange n'avait pas d'autre idée que de se consacrer à Dieu par le vœu de virginité perpétuelle. Dans les liens du mariage, elle portait à son mari une affection si pure que loin d'être altérée par les infidélités de ce païen, elle redoublait à la vue du danger que cette âme chérie courait pour son bonheur éternel.

C'est précisément cette pureté de mœurs toute céleste qui toucha d'abord Patrice, son fils ensuite, et leur imposa d'abord l'admiration, puis l'amour, et enfin la pratique de la charité.

La sobriété, qui est la gardienne nécessaire de la charité et de l'obéissance, eut plus de mal à se fixer dans le cœur de sainte Monique. Mais une fois qu'elle y fut enracinée, elle s'en empara si bien que le fils, imitateur encore de la mère sur ce point, est le plus digne d'admiration entre les docteurs, non pour ses austérités, ce qui n'est pas la même chose, mais pour sa sobriété; au point que c'est la seule vertu dont il semble se flatter.

Quoique l'éducation de sainte Monique ait été plus morale que religieuse, cette charmante enfant livre son cœur à l'amour de Jésus-Christ dès qu'elle le connaît, à tel point que, pour ainsi dire à l'insu de ses parents, c'est Jésus-Christ qui l'éleva et la forma lui-même à l'obéissance envers ceux qui auraient dû l'élever pour lui avant tout. Que cette piété dérobée, si on peut s'exprimer ainsi, est touchante! C'est la plus rare, mais c'est aussi la meilleure.

Dès ses premiers ans, dit-on, elle aimait à visiter l'église et y passait un temps considérable, comme, du reste, l'exigeait alors l'éducation chrétienne. La nuit, elle récitait chez elle des prières que sa mère lui apprenait. Cette piété précoce est de bon augure pour les enfants et les parents doivent veiller à la leur inspirer de très-bonne heure. Heureux les enfants qui, par leur bon naturel, vont d'euxmêmes au-devant des efforts de ceux qui les forment.

A la piété, Monique joignait une tendre affection pour les pauvres, auxquels elle faisait d'abondantes aumônes.

L'amour des pauvres dans les enfants annonce une bonne nature, conserve et développe toutes les autres vertus. C'était une véritable jouissance pour Monique de soulager les malheureux. Elle donnait une partie de sa nourriture aux indigents. Cette vertu précoce ne fit que se développer avec l'âge et attira la bénédiction du ciel sur toutes ses entreprises.

La piété et l'amour des pauvres lui avaient inspiré un grand dégoût pour la parure. La passion pour la toilette est pour une femme un danger, et dénote en elle une tendance diamétralement opposée à la modestie qui fait le charme et la sûreté de son sexe. Cette belle vertu n'a plus rien de sérieux lorsque le dehors affiche l'envie d'attirer les regards. La jeune Monique ne se parait que par obéissance pour ses parents; mérite d'autant plus grand qu'elle avait, dit saint Augustin, une grâce extérieure que relevait la sainteté de ses mœurs et qui lui conciliait l'amour et la vénération.

Quoique incomplète, l'éducation de Monique eut, dans les parties essentielles, la gravité, la simplicité, l'esprit d'humilité, d'obéissance et de bonté. Que demander de plus! La prétendue négligence de la partie religieuse, d'après saint Augustin, paraîtrait de l'exagération de nos jours, tant les principes sont affaiblis. Que diraient ces grands docteurs du ive siècle s'ils entraient dans un pensionnat moderne, même le meilleur! Ils trouveraient que c'est à peine l'éducation païenne. Aussi n'élève-t-on plus de saintes.

Une question! Sans doute, pour une femme comme pour un homme, le mieux est que l'éducation soit complète. Mais si cette éducation doit laisser à désirer, lequel vaut mieux, qu'elle pèche par excès ou par défaut? S'il est vrai que la première vertu de la femme soit la modestie, et l'orgueil son plus grand défaut, on comprendra d'abord que le trop de recherche dans l'éducation de la femme est le danger à redouter. Au moins la vie de sainte Monique est-elle une forte présomption en faveur de la simplicité dans l'éducation des femmes.

Tels sont les détails, peu nombreux, que nous connaissons sur la famille, l'enfance et la jeunesse de sainte Monique. Sans doute, on serait heureux de connaître les moindres circonstances de cette précieuse vie; mais cette ignorance renferme une profonde leçon. Le vrai mérite de l'éducation de la femme, c'est la modestie et la simplicité. On compare souvent la femme à une fleur; or la fleur n'arrive jamais plus sûrement à son complet épanouissement, elle n'est jamais plus belle, et elle ne ravit jamais plus les regards de celui qui la découvre que dans la solitude où elle est également et à l'abri des vents meurtriers et de la main des indiscrets. Lorsque la femme est trop exposée aux regards dans sa jeunesse, il est rare que sa vertu ne soit pas fanée par le souffle des passions, ou que les louanges, en la surexcitant, ne lui enlèvent pas ce velouté de la modestie qui s'ignore et qui fait toute la force et le charme de son sexe.

CHAPITRE V.

La vocation est le point décisif de la vie. Tout le monde a des qualités et des défauts différents, en harmonie avec la place que le divin architecte de l'édifice saint destine à chacun. Là, les défauts même ont leur avantage; ailleurs les qualités sont un obstacle. De là le devoir pour la jeunesse d'étudier et de suivre sa vocation.

Monique se sentait portée au vœu de virginité. Quoiqu'il n'existât point encore, en Afrique, ni pour les femmes ni pour les hommes, de couvents proprement dits, puisque c'était au fils et à la fille de sainte Monique qu'était réservé l'honneur de les fonder, on y voyait cependant, comme dans le reste de la catholicité, des sociétés de vierges chrétiennes attachées à toutes les églises et consacrées à Dieu par le vœu de perpétuelle virginité, portant le voile et soumises à des règles spéciales. Tous les docteurs du temps ont laissé des traités étendus sur cette œuvre qui émerveillait le paganisme.

L'inclination si pure de sainte Monique était assurément en elle une marque favorable à cette belle vocation. Mais la volonté obstinée de ses parents y mit un obstacle invincible. Sans doute Faconde encourut ainsi une grande responsabilité devant le Tribunal suprême. Mais la Providence qui sait tirer le bien même du mal, se servit de ce moyen pour faire connaître à sainte Monique qu'elle ne la destinait point à un si saint état, et la jeune fille se soumit. Dieu, qui bénit son sacrifice, avait en réalité d'autres desseins sur elle; lui qui avait choisi une Vierge pour la mère de son Fils, voulait donner pour patronne aux chrétiennes mariées, une mère qui avait désiré être vierge, et qui n'était entrée dans l'état du mariage que pour se consacrer à l'accomplissement de la volonté suprême.

Mais l'amour de la virginité resta si fortement imprimé dans le cœur de sainte Monique qu'elle sut l'inspirer à ses enfants qui furent, en Afrique, les fondateurs de la vie religieuse. Et maintenant, du haut du ciel, elle voit le monde couvert d'Augustins et d'Augustines qui la bénissent.

Mais hélas! le mariage qui doit être l'inauguration de la vie de la femme, ne fut pour Monique que le dernier acte de sa vie d'enfant. Elle fut *plus livrée que mariée,* dit son fils, dès qu'elle eut atteint complétement l'âge nubile.

Ainsi on ne tient compte ni de son affection pour Dieu, ni même de son affection pour celui auquel elle devait être unie. Et dès que le temps le permit, on se hâta de *la livrer.* Pauvre jeune femme, que je crains pour ton avenir!

A qui la *livra*-t-on? A un païen! Elle si naturellement chrétienne! Évidemment les auteurs de ses jours profitèrent de ce qu'elle n'était point encore soumise aux lois de l'Église par le baptême, pour conclure une union qui leur semblait avantageuse au point de vue temporel, au mépris des lois religieuses et même des simples convenances. « Il est constant, dit Tertullien, que les fidèles qui s'unissent aux Gentils par les liens du mariage, sont coupables de fornication et doivent être entièrement séparés de tout rapport avec les frères, d'après la lettre de l'apôtre qui défend même de prendre son repas avec ceux de cette sorte. Est-ce que nous pourrions présenter ce contrat de mariage dans le grand jour au Tribunal de Dieu? Citerons-nous pour nous excuser ce qu'il défend lui-même?» Le langage de saint Jérôme et celui de saint Ambroise, les deux grands docteurs contemporains, n'est pas moins énergique, et ne laisse aucun doute sur l'irrégularité de ce mariage.

Sans doute le baptême couvrira tout. Mais outre que c'est une faute énorme de spéculer sur la miséricorde de Dieu pour violer ses lois, dans quels embarras inextricables les parents de sainte Monique ne précipitaient-ils pas leur fille pour toute sa vie, et à quel danger de séduction ne l'exposaient-ils pas?

« Passons en revue, continue Tertullien, les autres pé
« rils ou blessures de la foi prévus par l'apôtre, très
« odieuses non-seulement pour la chair, mais même pour
« l'esprit. Qui peut douter que la foi ne s'affaiblisse tous
« les jours, par le commerce avec un infidèle? *Les mau-*
« *vais discours corrompent les bonnes mœurs.* Combien,
« à plus forte raison, la cohabitation et la communauté
« en tout! Toute femme fidèle doit nécessairement révérer
« Dieu. Comment peut-elle servir deux maîtres, le Sei-

« gneur et son mari, ajoutez son mari païen? En servant
« le païen, il faudra prendre les usages païens, cultiver sa
« beauté, sa parure, les vanités séculières... » Et le reste
que je n'ose traduire.

« A elle de voir comment elle remplira ses devoirs en-
« vers son mari. Mais assurément elle ne pourra satisfaire
« aux devoirs de la discipline envers Dieu, ayant à ses
« côtés le serviteur de Satan, chargé par son maître d'en-
« traver le zèle et le devoir des fidèles. Faut-il faire une
« *station;* le mari prendra ce jour pour la conduire au
« bain. Est-ce un jour de jeûne; le mari mettra un repas.
« Faut-il sortir; jamais les occupations de la maison n'au-
« ront été plus pressantes. Qui laissera son épouse aller
« visiter les frères de quartier en quartier et sous les toits
« les plus pauvres? Qui la laissera sortir de ses côtés
« pour les assemblées nocturnes, si c'est nécessaire? Qui
« souffrira qu'elle passe la nuit entière dans la solennelle
« veille de Pâques? Qui lui permettra d'assister à cette
« table de Dieu qu'ils calomnient tant, au moins sans la
« soupçonner? Qui tolèrera qu'elle se glisse dans les pri-
« sons, pour embrasser les chaînes des martyrs, donner
« le baiser de paix à un frère, offrir l'eau au pieds des
« saints, se rendre au pain et au breuvage mystique, le
« désirer et y penser sans cesse? Si un frère en voyage
« arrive, le grenier et le fruitier seront fermés. »

Et à quel païen livra-t-on cette enfant? A un païen violent et abandonné à toutes les passions. Ne voit-on pas que
la perspective d'être répudié par cet infidèle, aux yeux du-

quel le divorce était un droit, est le moindre des maux qu'elle eût à redouter?

Opposons, avec le même Tertullien, ce triste mariage avec le bonheur d'une union bien assortie. « Comment, « s'écrie-t-il, pourrons-nous suffire à peindre la félicité de « ce mariage que l'Église unit, que l'oblation confirme, « que la bénédiction consacre, que les anges proclament « et que le Père éternel ratifie? Car, même sur la terre, « les enfants ne se marient point convenablement, sans la « permission de leurs parents. Qu'il est beau le joug porté « par deux fidèles d'une même espérance, d'un même « désir, d'une même discipline, d'un même maître! Tous « deux frères, tous deux au même service, tous deux sans « distinction d'esprit et de chair, que dis-je? vraiment dans « deux une chair unique. Ils prient ensemble, ensemble « se prosternent, ensemble se livrent au jeûne, s'instrui- « sent l'un l'autre, l'un l'autre s'encouragent, l'un l'autre « se supportent. Côte à côte à l'église, côte à côte à la « table du Seigneur; ensemble dans les angoisses, dans « les persécutions et dans les consolations. L'un ne trompe « point l'autre, l'un n'évite point l'autre, l'un n'est point à « charge à l'autre. On est libre de visiter les malades, de « secourir l'indigent. Point de tortures pour arracher une « aumône, point de scrupule pour offrir un sacrifice, point « d'empêchement pour les devoirs quotidiens. On ne se « cache point pour le signe de la croix, on ne tremble « point de remercier Dieu, on ne se taît point en le bénis- « sant. Les psaumes et les hymnes retentissent entre les

« deux, et ils se provoquent à qui chante le mieux pour
« son Dieu. Le Christ se réjouit en les voyant et en les
« entendant ; il leur envoie sa paix : *où deux se trouvent,*
« *il y est aussi ;* où il est, là ne se trouve point l'*Ennemi.*
« Voilà ce que l'apôtre nous donne à entendre dans sa
« brièveté. »

Quel bonheur ! Tel ne fut point celui de sainte Monique,
tel n'est point celui de la plupart des femmes chrétiennes
de nos jours qui épousent des baptisés pire que des païens.
On veut de la fortune. « Une femme fidèle, s'écrie Tertul-
« lien, ne voudrait point se marier à un homme moins
« riche qu'elle, lorsqu'elle est plus riche avec un mari
« pauvre. Si le royaume des cieux appartient aux pauvres,
« ne serait-elle pas plus riche avec un pauvre, puisque les
« riches n'y possèdent rien? Celui qui est riche en Dieu
« lui apporterait une plus belle dot de ses biens spiri-
« tuels. » Mais les biens du ciel n'entrent point en compte
dans le contrat de mariage !

Si cette dot n'était pas assez recherchée du temps de
Tertullien, et à plus forte raison de celui de sainte Monique, que dire de nos jours? Si encore les jeunes chrétiennes étaient plus livrées que mariées, comme sainte
Monique ! Mais non, c'est elles qui ne rêvent que la fortune afin d'avoir de l'or : de l'or pour leur toilette, de l'or
pour leurs équipages, de l'or pour les spectacles, de l'or
pour les festins, de l'or pour se corrompre et se faire corrompre de toutes les manières : de l'or pour tout sur la
terre et l'enfer pour l'éternité.

LIVRE DEUXIÈME

SAINTE MONIQUE, MAITRESSE DE MAISON

CHAPITRE Iᵉʳ.

SAINTE MONIQUE, MAITRESSE DE MAISON.

Ce ne fut qu'après son mariage que sainte Monique reçut le baptême. Nous ne dirons rien de ce qui se passa en cette circonstance solennelle ; ajoutons seulement que c'est à son baptême que commence sa vie proprement dite. Les premiers chrétiens ne tenaient aucun compte du temps qui l'avait précédé; au sortir des eaux régénératrices, ils prenaient le nom d'*enfant* qu'ils portaient pendant huit jours, et c'était avec une grande simplicité de foi qu'ils entendaient l'Église, leur mère, leur dire le dimanche de Quasimodo : « Comme des enfants qui viennent de naître, désirez le lait maternel sans l'ombre d'autre chose. »

On peut dire que sainte Monique revint du baptême comme un ange du ciel avec cette grâce *plus belle que la beauté*, imprimée sur tout l'extérieur par l'innocence de l'âme, qui frappa si vivement Patrice.

On ignore à quel âge elle se maria ; nous savons seulement par saint Augustin qu'elle était très-jeune, puisque, dit-il, ses parents la marièrent dès qu'elle fut dans l'âge de l'être. Heureusement son cœur était formé ; et par sa jeunesse elle se trouva dans la vigueur des années vers le temps où son fils, emporté par ses passions, avait si grand besoin de l'énergique dévouement de sa mère. C'est ainsi que Dieu sait faire servir tout à l'accomplissement de ses desseins.

Dès le commencement de son mariage, on s'attend à voir sainte Monique couverte des visibles bénédictions du ciel. Une jeune épouse, si vertueuse, va, ce semble, être environnée de toutes les joies terrestres. On voudrait voir à ses pieds un époux aimable qui l'adore ; autour d'elle une famille empressée à l'accueillir, des enfants dociles et faisant son bonheur. Tel est le roman, mais telle n'est pas la réalité de la vie où tout est mêlé de bien et de mal, comme dans le cœur humain. Ici ce fut le mal qui se manifesta tout d'abord et d'une manière vraiment effrayante. Lorsqu'on jette un premier coup d'œil sur le mariage de sainte Monique, on dirait un roman fait contre la Providence. Cette jeune personne, chrétienne catholique, pieuse au point d'avoir aspiré à la vie religieuse, passe tout à coup dans la maison d'un époux païen et violent, demeure avec une belle-mère qui reçoit contre elle toutes les accusations, est environnée de serviteurs qui épient sa conduite pour la calomnier, et voit son fils s'abandonner à l'hérésie et à toutes les passions. Tout cela n'est point un tableau imaginaire, où les couleurs les plus noires sont arrangées afin de produire un effet plus sombre; c'est la simple réalité. Assurément en voilà plus qu'il n'en fallait pour déconcerter et porter au désespoir une jeune épouse qui n'eût pas été inébranlable dans sa vertu et sa confiance en Dieu.

Cependant ce mariage avait été ménagé par la Providence pour le salut de Patrice, de sa mère, de ses enfants et pour la perfection de la vertu de sainte Monique elle-même. Que serait-elle aujourd'hui, si elle n'avait pas eu tous ces obstacles à surmonter, ou si elle se fût découragée, aigrie, désespérée? Assurément, en entrant dans la maison de Patrice, cette jeune épouse ne connaissait pas les grands desseins de Dieu sur elle, et elle dut sentir plus d'une fois son cœur ému et des larmes naître dans ses yeux. Du moins elle savait qu'elle n'avait rien fait qui pût irriter Dieu. Elle crut et ne se trompa pas que, s'il lui avait imposé ce fardeau, il ne l'abandonnerait pas, et ce fut un motif nouveau pour elle de s'attacher plus fortement à son service.

Maintenant notre cadre va s'agrandir; nous allons voir sainte Monique aux prises avec les difficultés qui l'entourent, et triompher, non pas tout d'un coup, mais à la longue, après un travail constant et obscur, dont le mérite n'est connu que de Dieu, auquel elle avait voué son existence.

Trois qualités inappréciables distinguent sainte Monique

dans cette lutte de plus de trente ans : la douceur, la fermeté, et l'inaltérable confiance en Dieu. Elle pourra se tromper dans le détail, et pourra même se laisser un peu éblouir par l'ambition de son mari, partagée par ses propres parents; mais jamais un moment de vivacité, jamais une transaction contre sa conscience, jamais un moment de désespoir. C'est ainsi qu'elle gagnera les cœurs, méritera l'estime et finira par imposer l'objet de son imperturbable confiance.

En entrant dans l'état du mariage, la femme doit se préparer à trois classes de devoirs aussi différents que redoutables : elle sera maîtresse de maison, épouse et mère. C'est à la maîtresse de maison que ce livre est spécialement consacré.

Lorsqu'on pense aux qualités nécessaires pour la tenue d'une maison considérable, on est effrayé. Comment ménager les intérêts sans perdre l'affection? Comment concilier l'autorité et l'affabilité ? Comment satisfaire les exigences les plus opposées sans blesser les droits de personne? Comment avoir tous les secrets sans en trahir aucun? C'est un petit monde qu'une maison; et celui qui peut en bien gouverner une, pourrait gouverner un royaume, s'il y était appelé par la Providence.

Et quelle maison que celle de Patrice? Maison pauvre et ambitieuse, et par conséquent jalouse et jalousée au dehors, et au dedans aux prises avec la nécessité de dépenser au-dessus de ses ressources; maison composée depuis longtemps, par conséquent où la jeune épouse, sans aucune influence sur le choix et l'éducation des serviteurs, dont toutes les habitudes sont prises en dehors de celle qui doit les commander; maison gouvernée par une belle-mère, qui, de peur de céder une autorité légitimement due, commencera par armer tout contre celle en qui elle verra plutôt une rivale qu'une belle-fille; maison pleine d'un monde d'esclaves, qui, pour ne pas obéir à deux maîtresses, commenceront par se faire un art de les brouiller, se rangeront du côté de l'ancienne contre la nouvelle, et mériteront son indulgence en servant sa rivalité; maison dont le chef est livré à deux passions : la colère et l'impureté, dont une seule suffit à perdre une famille; enfin, maison toute païenne, contre une chrétienne qui n'apporte en dot que sa pureté, et les préventions contre son culte abhorré. Tel est l'enfer où il nous faut entrer avec Monique au sortir du baptême.

Lorsque le Dante pénétra dans son enfer, il frémit en lisant cette inscription au-dessus de la porte : *Vous tous qui entrez, laissez là l'espérance !* Pauvre Monique ! qu'est ce que tu lus sur la porte de Patrice en y entrant au sortir de si grandes fêtes ? Belle enfant, laisse à la porte tes joies; mais prends l'espérance et ne l'abandonne jamais ! C'est elle qui te fera changer cet enfer en paradis.

Suivons hardiment sainte Monique au dedans, et voyons-la aux prises successivement avec sa belle-mère, ses esclaves, et la société de cette famille, et changeant successivement en anges ces esprits qu'on pourrait dire infernaux. On peut dire aussi que le salut entra dans cette maison avec elle.

CHAPITRE II.

SAINTE MONIQUE ET SA BELLE-MÈRE.

Le père de Patrice était sans doute mort, puisque sainte Monique ne trouve dans sa famille adoptive que sa belle-mère, qui resta maîtresse de la maison ; position quelquefois imposée par la nécessité, mais presque toujours pleine de chagrins et de difficultés inextricables. Si la jeune épouse s'empare de l'autorité, elle est exposée à n'être pas respectée dans une maison où, à la rigueur, il n'y a de place, de devoirs et d'honneurs que pour une femme. La belle-mère, au contraire, restera maîtresse ; la bru est à l'état d'enfant, ne se forme pas à la tenue de son intérieur et, plus tard, ne sera pas assez libre pour l'éducation de sa famille. Une mère qui a élevé son fils et formé sa maison, a ses idées préconçues, ses habitudes, sa dignité presque engagée à faire prévaloir ses traditions, et sa communauté de sentiments avec le maître qu'elle a élevé et qui lui doit le respect. Alors, malgré la bienveillance, on se persuade facilement que tout ce qui n'a pas la même manière de voir et d'agir n'est ni bien instruit ni bien formé. C'est une éducation à refaire. De là, un silence contenu d'abord, bientôt des avis minutieux, puis enfin des reproches durs, révoltants pour une personne qui n'est pas une enfant, et qui se sent portée à se croire des droits à la maîtrise dans la demeure de son époux.

A ces inconvénients inséparables de toute positïon semblable, venaient se joindre la différence de religion et la hauteur de cette femme qui exerçait une autorité absolue sur tout ce qui l'environnait. Il en fallait bien moins pour brouiller un ménage, ce qui fut infailliblement arrivé sans la prudence et la patience de sainte Monique.

Sa belle-mère la prit d'abord en haine, trompée, dit saint Augustin, par la méchanceté de ses esclaves qui, pour gagner les bonnes grâces de leur vieille maîtresse, accusaient sans cesse sa belle-fille auprès d'elle; elle se laissa prévenir au point d'exciter son fils contre sa jeune épouse, et elle n'y réussit que trop. Voilà bien l'histoire du début de toutes les catastrophes d'intérieur. Le feu est allumé; comment sainte Monique saura-t-elle l'éteindre?

Mais laissons d'abord parler saint Augustin : « Les rapports « clandestins de mauvaises esclaves avaient d'abord irrité « la belle-mère; mais ma mère sut si bien la désarmer par « ses attentions en persévérant dans la patience et la dou- « ceur, que cette femme dénonça elle-même la duplicité de « ces langues d'esclaves qui avaient troublé la paix domes- « tique entre elle et sa bru, et en demanda le châtiment. « Alors Patrice, et par déférence pour sa mère, et par zèle « pour la discipline de sa maison, et par le désir d'établir « la paix entre les siens, livra au fouet les coupables dé- « noncées à la merci de la dénonciatrice; elle leur déclara « que tel était le châtiment que devait attendre celle qui

« lui dirait, croyant lui plaire, le moindre mal contre sa
« belle-fille. Comme personne n'osa plus le faire, elles
« vécurent dans une douceur exemplaire de bienveillance.»

Dieu seul sait ce que sainte Monique eut à souffrir jusqu'au triomphe de sa persévérance. Son silence sur ce
point, dont saint Augustin fait ailleurs un si grand mérite
à sa mère, prouve qu'elle n'avait pu tout soustraire à la
connaissance de ses enfants. C'est un martyre de tous les
jours et de tous les instants. Lorsqu'on n'habite point
ensemble, une difficulté s'apaise par le seul éloignement ;
mais lorsqu'on est forcé de se trouver sans cesse en face,
de se voir et de se parler sous peine de s'insulter, à tout
moment, à table, au travail, au repos, partout, les nerfs
s'irritent, les caractères s'aigrissent et la maison devient
un enfer. Sainte Monique se trouvait dans la situation la
plus pénible : blessée dans ses affections les plus légitimes,
trouvant une ennemie dans celle qui devrait lui servir de
mère, voyant le cœur de son mari aliéné, environnée d'es-
pions au lieu de serviteurs, séparée de ses parents, pas une
personne à qui s'ouvrir pour avoir des consolations. C'est
ce qui la sauva.

Une épouse qui cherche des consolateurs est doublement
exposée. D'abord ces prétendus consolateurs, qui donnent
toujours raison, ne servent qu'à irriter davantage. Pour
se rendre plus intéressant, on ne manque pas soi-même
d'exagérer les torts d'autrui et ses propres avantages,
semence de médisances et de calomnies.

Autre danger. Les indiscrétions sont faciles; on recommande le secret! Mais de quel droit exiger des autres pour soi un secret qu'on ne sait pas garder soi-même? Une parole imprudente est relevée, colportée, envenimée, exagérée. Après avoir roulé de bouche en bouche, comme un torrent qui se grossit sans cesse, elle arrive enfin aux oreilles redoutées, et semble alors être la pièce de conviction de tout le reste.

Autre danger plus grand encore. Une femme qui se plaint, ouvre son cœur aux séductions qui commencent presque toutes de cette manière. C'est ainsi qu'après avoir promené partout ses récriminations contre les infidélités vraies ou imaginaires, elle finit par donner le scandale des chutes les plus déplorables.

Loin de succomber, sainte Monique acquit dans cette longue épreuve une grande expérience pour triompher des préventions, sentit son caractère se fortifier, et, par ses premiers succès, s'affermit dans cette patience à toute épreuve, mère de l'espérance, qui la fit toujours triompher.

CHAPITRE III.

Les relations avec l'extérieur sont la pierre de touche des maîtresses de maison. N'en point avoir, c'est se constituer à l'état sauvage dans sa maison comme dans une espèce d'antre, où les rayons du soleil n'entrent jamais et dont les étrangers ne voient l'ouverture que de loin et avec effroi. En entretenir trop ou sans discrétion, c'est ouvrir la porte à tous les vents, et par conséquent à toutes les tempêtes. Une maîtresse de maison trop répandue au dehors est une cause perpétuelle de trouble dans son ménage et dans celui des autres.

Sainte Monique est ici le modèle le plus accompli de ce juste milieu des anciens, où se trouve le véritable mérite, mais si difficile à rencontrer. Renfermée autant que possible dans son intérieur, elle ne s'occupait du dehors que par nécessité et pour y porter la paix. Elle était essentiellement pacifique et par nature et par vertu. D'ailleurs le ciel et l'éducation lui avaient donné tous les dons pour exercer cet admirable talent. Aussi a-t-elle possédé au suprême degré, dès ici-bas, cet empire promis aux pacifiques. Les hommes ne trouvent le bonheur que dans la paix

2*

et la concorde, quoiqu'ils vivent dans des divisions continuelles. Aussi l'œuvre la plus agréable à Dieu et aux
hommes est-elle de travailler à rapprocher les cœurs divisés.
Voici comment saint Augustin parle de cette belle vertu
que possédait sa sainte mère à un degré si éminent : « O
« mon Dieu! s'écrie-t-il dans son admiration, vous aviez
« donné à ma mère une qualité merveilleuse, qui était de
« s'employer toujours de tout son pouvoir à rétablir par-
« tout la paix. S'il arrivait que deux personnes divisées
« entre elles vinssent, chacune de son côté, lui dire, l'une
« contre l'autre, de ces paroles amères et envenimées, que
« laisse échapper la première fougue de la haine, lorsque
« l'on croit pouvoir, dans le sein d'une amie, exhaler en
« liberté toute la violence de son ressentiment, jamais
« alors son attentive charité ne rapportait ni à l'une ni à
« l'autre que ce qui pouvait les réconcilier ensemble.

« J'insisterai beaucoup moins sur cette excellente qualité
« de ma mère, continue saint Augustin, si je n'avais la
« douleur de voir une infinité de personnes, par une hor-
« rible contagion de malignité qui infecte le genre humain,
« non-seulement se faire un plaisir de révéler à ceux qui
« se haïssent ce qu'ils ont dit les uns des autres, mais y
« ajouter encore ce qu'ils n'ont point dit. Et cependant, s'il
« leur restait quelques sentiments d'humanité, ne sauraient-
« elles pas que c'est peu pour elles de ne point envenimer
« les inimitiés, mais qu'elles doivent s'efforcer de les
« éteindre par des paroles de conciliation? Voilà quelle
« était ma mère; voilà les belles leçons, ô mon Dieu,

« que vous lui aviez données dans le secret de son
« cœur ! »

Une femme et surtout une mère ne saurait trop méditer
cette belle page de saint Augustin. Elle révèle une des
plus grandes plaies de la société, et enseigne le seul moyen
de la guérir. Les personnes irritées éprouvent une sorte de
besoin malheureux de faire part de leurs prétendus sujets
de plainte, plutôt pour s'autoriser contre leur conscience
de l'approbation des autres, que pour recevoir des consolations et des avis salutaires. Si on abonde dans leur sens,
elles deviennent intraitables, à plus forte raison si on leur
rapporte les récriminations des autres. Alors on devient
soi-même responsable devant Dieu et devant les hommes
de toutes ces divisions qu'on alimente.

Une femme prudente et discrète n'aime pas ces sortes de
confidences. Lorsqu'elle est obligée d'en recevoir, elle sait
taire ce qui aigrit, dire ce qui adoucit, ménager une ré-
conciliation et rétablir la paix, tantôt entre des voisins,
souvent même dans les familles entre les époux.

Sans doute les bons avis ne seront pas toujours suivis ;
mais ceux qui les suivront seront reconnaissants, ceux qui
les mépriseront sauront bien qu'ils font mal et seront
moins affermis dans leurs préventions et plus disposés à se
réconcilier dans la suite.

L'admirable conduite de sainte Monique produisit un
autre effet. Elle lui conciliait l'affection et l'estime générales, qui lui furent d'un si grand secours dans tout le cours
de ses combats. Nous verrons, à Milan, saint Ambroise ne

pouvoir aborder Augustin sans s'écrier : « Oh ! que vous
« êtes heureux d'avoir eu une aussi excellente mère ! » Quel
ascendant de telles louanges ne donnaient-ils pas à sainte
Monique sur l'esprit et le cœur de ce fils si passionné pour
la gloire ! Assurément il en était ainsi à Thagaste, où toute
la société devait féliciter sans cesse et la belle-mère et le
mari de posséder un tel trésor de bonté et d'intelligence.
Que vous êtes heureux d'avoir une telle bru ! Que vous
devez être heureux d'avoir une telle épouse ! devaient dire
de tous côtés, à Patrice et à sa mère, tant de familles pa-
cifiées par la prudence et le zèle de sainte Monique.
Comment ne pas se laisser attendrir par un tel concert ?

Autre avantage inappréciable pour une mère. Nous
voyons saint Augustin accueilli tout jeune, comme un
enfant de la maison, par le premier citoyen de Thagaste,
Romanien, que nous retrouverons à Milan et à Cassiaque, et
partant d'autres intelligences élevées. Sans doute, les belles
qualités de ce génie naissant y étaient pour une grande
part; mais l'estime publique dont jouissait la mère y
était-elle pour rien ? La mère de Romanien et les autres
n'étaient-elles pas heureuses de voir dans leurs maisons,
avec leurs enfants, le fils d'une si admirable femme ? Le
titre de fils de Monique n'était-il pas le premier au bon
accueil ? N'est-ce pas ainsi que le jeune Tobie est si bien
reçu par son futur beau-père qui ne le connaissait même
pas, mais qui ne peut retenir ses larmes en apprenant que
c'était le fils de cet homme de bien, surtout si charitable,

qu'il avait connu et dont il avait entendu tant célébrer les louanges!

Quel avantage pour une mère que son fils soit bien reçu de tous les cœurs distingués, et qu'il se sente encore plus estimé à cause de sa mère que de soi-même! Il se trouve ainsi préservé des sociétés mauvaises et, par cet enseignement indirect et tacite, il sent se développer en lui l'ascendant de l'autorité de la famille.

LIVRE TROISIÈME

SAINTE MONIQUE, ÉPOUSE

CHAPITRE Ier.

IMPORTANCE DES DEVOIRS DE SAINTE MONIQUE
ENVERS SON ÉPOUX.

Lorsque Dieu a des desseins particuliers de conversion sur un homme qui semble abandonné, il lui destine une épouse vraiment chrétienne. « Une bonne épouse, dit l'Ecclésiastique, est le premier des trésors. » Aussi faut-il rendre cette justice à Patrice qui semble avoir eu et une fortune plus grande et une instruction plus noble que sainte Monique, de ce que, malgré son ambition démesurée, il estima plus la possession d'une telle épouse que tous les trésors.

C'est surtout envers son époux que sainte Monique est la femme forte par excellence, ce trésor qu'on ne peut aller chercher trop loin. Il est certain que le païen et ambitieux Patrice, en allant chercher son épouse dans le christianisme, si loin de ses idées et de ses affections, malgré une fortune supérieure, suivit sans le connaître le conseil de l'auteur sacré. Dieu l'a récompensé par la conversion. Elle lui a rendu *le bien et non le mal tous les jours de sa vie.* Aussi l'a-t-il louée à sa mort.

Les premiers devoirs d'une femme sont envers son mari : ils sont les plus importants et la base de tous les autres. Aussi je ne balance pas à dire que le trait le plus caractéristique de la vertu de sainte Monique, est la manière admirable dont elle se conduisit envers Patrice : c'est à son héroïsme d'épouse qu'elle doit son triomphe de mère. C'est sur ce point que je recommande de l'étudier avant tout.

Une épouse doit à son mari l'amour, l'obéissance et même le respect. Sans doute, l'accomplissement de ces trois devoirs est le charme des unions bien assorties. Mais ici tout se réunit pour faire éprouver à sainte Monique les tentations les plus violentes et, ce semble, les plus légitimes contre tous les trois. J'en laisse juges ceux qui ont été à portée de connaître l'état où peut tomber une épouse déçue dans ses plus légitimes affections.

Comment sainte Monique a-t-elle pu concevoir de l'affection pour Patrice, et, après l'avoir conçue, comment a-t-elle pu non-seulement la conserver, mais encore la porter jusqu'au comble?

L'établissement de sainte Monique n'avait point été ce qu'on appelle un mariage d'inclination, puisqu'elle voulait consacrer sa virginité à Dieu. D'ailleurs, cette jeune chrétienne ne pouvait avoir éprouvé aucun penchant pour un infidèle orgueilleux, violent, d'une valeur intellectuelle inférieure à la sienne, et d'une moralité condamnable, même dans le paganisme. C'était ce qu'on appelle un mariage de raison, ou mieux de violence, où la jeune personne est plutôt livrée que mariée, comme dit saint Augustin, c'est-à-dire est sacrifiée au calcul des parents. En un mot c'était un de ces mariages qui finissent par une catastrophe.

Il fallait donc tout d'abord à sainte Monique une grande vertu, ce n'est pas assez, la vertu ne suffit pas ici, il fallait une admirable nature pour concevoir une affection sincère envers un tel mari. Tout le monde sait qu'en pareil cas la plupart des jeunes épouses succombent à cette première épreuve, malgré la volonté de se vaincre.

Mais quand un amour si généreux est trahi par l'infidélité et les mauvais traitements, malgré toutes les promesses, comment alors résister à la plus légitime indignation? Ici, la tentation dépasse tellement les forces humaines que les tribunaux civils et même religieux autorisent la victime à rompre tous les liens pour se séparer d'un époux devenu un objet d'horreur.

Jamais l'affection de sainte Monique ne subit d'altération pendant les longues années de son mariage; au contraire elle augmentait avec la résistance, au point d'en venir à ce degré de sentiment de ne pouvoir se faire à l'idée d'être inhumée loin de son époux.

Le moyen d'obéir, même avec l'affection, à un mari auquel on se sent supérieur en tout, même pour l'intelligence? Or, l'obéissance de sainte Monique fut non-seulement inaltérable, mais portée à un degré qui paraissait un excès et auquel ses voisins ne comprenaient rien.

A cette obéissance, elle joignait un respect affectueux qui en doublait le prix, au point de ne jamais faire connaître les torts de son mari.

Mais, dira-t-on, c'est plus admirable qu'imitable! Sainte Monique fut une victime destinée à toutes les tortures, et on ne peut exiger d'une femme ordinaire qu'elle les subisse! Assurément on ne peut exiger d'une jeune personne qu'elle épouse un homme comme Patrice; on doit même faire tous ses efforts pour empêcher une telle union; mais lorsque le mariage est accompli, le plus sage, le meilleur et le plus utile est d'imiter sainte Monique.

Qu'arriva-t-il? Cet ange de bonté et d'amabilité finit par apprivoiser, si l'on peut parler ainsi, cette sorte de brute. Elle s'en fit estimer, respecter et aimer jusqu'à l'adoration. A force d'obéir et en obéissant toujours, elle devint souveraine, et conduisit ce lion par les liens d'Adam, par les liens de l'amour, commme disent les Livres saints, partout où elle voulut, c'est-à-dire à la moralité, à la douceur, et enfin au baptême et à Dieu. Ainsi cet homme visiblement destiné à l'enfer par sa religion, et par ses mœurs plus dépravées encore, la bénira pendant toute l'éternité de l'avoir arraché à l'abîme pour le placer dans les cieux.

A la place de sainte Monique, mettez une femme ordinaire; son intérieur eût été un véritable enfer. Celui de sainte Monique finit par être un paradis après avoir été tolérable dès le commencement par l'inaltérable affection, par l'obéissance et par le respect de cette épouse parfaite.

Non-seulement l'intérieur de sainte Monique finit par être plein de charme, mais il fut toujours l'exercice de toutes les vertus, et la préparation à une plus illustre victoire. Mais assez de considérations générales ; hâtons-nous d'arriver aux détails historiques.

CHAPITRE II.

Patrice était de Thagaste en Mauritanie, ville détruite, aujourd'hui du cercle de Bone en Afrique. *Curiale* de la cité, c'est-à-dire bourgeois admissible à toutes les charges, *mais l'un des moindres*, dit Tillemont, *pour le bien qui lui manquait plus que le courage* et surtout que l'ambition, qui chez lui était sans bornes. D'ailleurs il était païen très-entêté, avec tous les vices de ce culte qui divinise les passions.

Cependant Patrice devait être doué de sentiments assez élevés et d'un jugement très-droit, autrement comment se fût-il déterminé à épouser une chrétienne moins riche que lui, sans autre mérite à ses yeux que sa vertu et les qualités de l'esprit et du cœur dont le ciel l'avait comblée.

L'impiété va rarement seule. Il n'y a que la religion qui puisse commander la vertu, parce qu'elle seule peut lui offrir une récompense digne d'elle dans la vie future. Mais lorsque l'impiété est secondée par une superstition qui met toutes les infamies sur les autels, alors le cœur humain loin de trouver un frein dans le culte religieux y sent un aiguillon qui le pousse à tous les précipices. Sec-

tateur du paganisme, Patrice joignait aux mauvais penchants de son cœur tous les vices de ses dieux.

Pour un cœur pieux et tendre comme celui de sa jeune
épouse, c'était et un martyre de voir ainsi Dieu sans cesse
offensé sous ses yeux, et une torture déchirante de se voir
unie par un lien indissoluble à un époux marchant dans
cette voie, et une terreur pour sa faiblesse de se sentir
elle-même entraînée dans l'abîme par une force qui devait
naturellement la dominer.

Une pareille situation, en effet, crée toujours un danger
très-grave pour les enfants et pour l'épouse elle-même
dont le cœur est plus aimant, l'autorité moins grande et
l'instruction inférieure à celle du mari. Il doit nécessairement s'établir une lutte réelle, apparente ou secrète, et la
victoire ne reste à la vertu qu'à la condition pour la vertu
d'être invincible. Supposez une femme pieuse, mais d'une
vertu ordinaire, à côté d'un mari impie mais aimable, qui
sans combattre directement la religion de son épouse, ne
manquera jamais de la traiter légèrement comme une ba-
gatelle qu'on peut au plus passer à une femme, pourvu
qu'elle n'en abuse point, est-il possible que la foi ne s'affaiblisse pas à la longue? La pratique extérieure peut rester
encore, mais comme l'écorce sur certains arbres dont le
cœur est desséché, l'esprit religieux est complétement mort
dans un corps prosterné au pied des autels.

Aussi est-ce avec grande raison que l'Église redoute ces
alliances, surtout pour les caractères faibles, et qu'elle a
fait de la disparité de culte un empêchement qui rendrait

le mariage nul. Cependant elle accorde quelquefois des dispenses avec l'engagement que les enfants seront élevés dans la vraie religion, et dans l'espérance, selon la parole de saint Paul, que la femme fidèle amènera son époux à la foi. Mais il faut en elle une vertu à toute épreuve et bien au-dessus du commun.

C'est dans cette pensée qu'on avait sans doute fini par permettre cette alliance à sainte Monique ou plutôt à ses parents, car cette pieuse enfant dut montrer une grande répugnance puisqu'elle voulait se consacrer à Dieu, et que, selon saint Augustin, elle fut plutôt livrée par ses parents que mariée par elle-même. Au reste, le succès non-seulement justifia, mais dépassa la confiance que l'on avait mis en elle.

Les commencements ne parurent point d'abord répondre aux espérances. Ce furent dès les principes des tiraillements provoqués par la belle-mère, comme nous l'avons vu. Patrice, il est vrai, ne semble y avoir donné que par déférence pour sa mère; et il y mit fin avec bonheur quand cette femme désabusée vint elle-même lui dénoncer les véritables coupables.

Mais son affection pour son épouse, qui toujours fut sincère, avait dû souffrir, et son caractère violent de lui-même s'était irrité. Aussi des causes plus profondes de chagrins ne tardèrent pas à se découvrir, des infidélités d'abord soupçonnées, puis évidentes et enfin publiques qui durèrent au moins quinze ans. Quinze ans! Grande partie de la vie humaine, dit Tacite. Oui, mais lorsque ces quinze ans sont passés à supporter des infidélités patentes de la part d'un époux, c'est plus qu'une vie, c'est quinze siècles, c'est une éternité!

Comment pendant cette éternité ne pas perdre patience? comment conserver le calme, l'égalité du caractère, l'amabilité nécessaires pour tenir une maison, traiter avec les étrangers, commander aux serviteurs et élever les enfants? C'est là un secret que trouva sainte Monique, que saint Augustin trop jeune, ne fit que soupçonner et qu'il n'a pu nous révéler complétement dans ses Confessions.

CHAPITRE III.

CONVERSION DE PATRICE.

L'avenir avait dû paraître bien noir à Monique en entrant dans une telle maison. Comment habiter avec un époux païen, emporté, infidèle, scandaleux et spécialement prévenu par une mère qui, en réalité, le dominait? Que le lecteur imagine, s'il peut, une situation plus effrayante. Et c'était pour la vie entière!

Loin de se laisser déconcerter, Monique prit tout d'abord la résolution non-seulement de supporter tous les maux qui l'attendaient, mais de s'en servir pour conquérir cette âme infortunée à Dieu. Les épouses chrétiennes demandent souvent le moyen de convertir leur mari ; qu'elles étudient la marche suivie par sainte Monique, c'est le plus parfait modèle qu'on puisse leur offrir.

Elle commença d'abord par gagner non-seulement l'affection mais l'estime de son mari : c'est le point capital sans lequel tout le reste est inutile et même nuisible. Sa première arme, outre son inaltérable amour, fut sa confiance dans le succès final avec une patience à toute épreuve. « Telles furent sa patience et sa résignation à l'égard des « infidélités de Patrice, dit saint Augustin, que jamais « leur union ne fut troublée par aucune querelle à ce sujet.

« Elle attendait les effets de votre miséricorde sur lui, ô
« mon Dieu, espérant que vous lui donneriez en même
« temps la foi et la chasteté. D'un autre côté, s'il était pour
« elle d'une bienveillance attentive, il avait un caractère
« bouillant et emporté. Mais elle avait la prudence de
« n'opposer à sa colère ni actes ni paroles. Seulement lorsque
« sa fureur calmée l'avait rendu à lui-même, elle saisis-
« sait l'occasion favorable de lui représenter ses torts, s'il
« s'était emporté sans motif (1). »

Quoique sainte Monique n'eût aucune promesse du ciel
pour la conversion de son mari, comme elle en eut pour
son fils, sa confiance en Dieu n'est pas moins grande.
Saint Paul n'a-t-il pas dit que la femme fidèle convertirait
l'époux infidèle? Cette confiance, qu'un rien ne peut altérer,
est la pierre angulaire. Elle seule peut inspirer la force de
faire et de continuer tous les sacrifices. Si sainte Monique
a toujours espéré convertir un tel époux, quelle femme peut
désespérer du sien?

La confiance doit inspirer la patience inaltérable sans
laquelle le succès est impossible. Qu'il est touchant de voir
l'admiration de saint Augustin pour la patience et la résignation avec laquelle sa mère supporte ce qui révolte le
plus une honnête épouse, dans la confiance que le Dieu
qu'elle prie finira par triompher !

Sur les infidélités jamais un mot. Il eût fallu rompre ou
vaincre. Vaincre c'était impossible d'abord, rompre c'était

____

(1) *Conf.,* liv. IX, chap. IX.

tout perdre pour la fin. Le silence absolu de sainte Monique, si remarqué par son fils, est une admirable leçon.

Pour les simples colères, le terrain étant moins brûlant, la prudente épouse avait donc une autre marche. Et que cette marche était savante de cette science du cœur et de la véritable sainteté qui ne s'apprennent point dans les livres! Au moment de la passion, pas un mot, pas un geste, pas même ce silence affecté de la raison qui irrite plus que les paroles.

Même silence après, s'il y avait apparence de motif. Loin de donner tous les torts à son mari, sainte Monique commençait par examiner s'ils n'étaient point de son côté, si du moins il n'avait pas une apparence de raison. Alors elle ne craignait point par son silence de se conduire comme si elle avait mérité les reproches. Elle ne lui fournissait ainsi jamais l'occasion de justifier sa conduite. Au lieu de lui faire chercher de mauvaises raisons pour se défendre, ne valait-il pas mieux le laisser admirer en silence la modération de son épouse, en faveur de laquelle il était d'autant plus porté à se condamner, qu'elle semblait se reconnaître coupable?

Mais si l'emportement n'avait aucune ombre de raison, ce qui devait arriver souvent dans un cœur livré au désordre, lorsque la fureur calmée avait rendu Patrice à lui-même, elle saisissait l'occasion favorable de lui représenter ses torts. Elle conquérait ainsi peu à peu cette haute dignité qui finissait par ranger tout sous ses lois.

Pour que ces représentations eussent leur effet, elle prenait le moment où ils étaient seuls, et tout se passait entre elle et son mari, sans que personne ne fût jamais témoin. Ainsi elle respectait sa réputation, sa dignité et sa susceptibilité qui ne se trouvait point excitée à se justifier par les plus mauvaises raisons.

Elle allait plus loin. Il est à croire qu'elle éprouva plusieurs fois de mauvais traitements, mais elle n'en confia jamais rien à personne, pas même à son fils. Elle évita ainsi les indiscrétions, le grand écueil de la vie de famille. Ce point était d'autant plus difficile que le public connaissait le caractère de Patrice et même ses infidélités. Dans une petite ville comme Thagaste, on devait s'en occuper et on s'en occupait beaucoup. Le sort de cette jeune femme, si douce et si bonne, inspirait une sympathie générale. On cherchait à la faire parler sur son intérieur ; les femmes malheureuses se plaignaient à elle de leur mari ; toutes lui témoignaient leur étonnement de ne pas apprendre qu'elle fût maltraitée par un semblable époux. Cet intérêt offrait à sainte Monique une tentation à laquelle il est rare qu'une épouse résiste avec persévérance.

Laissons le docteur de la grâce nous exposer la prudence de sa mère dans ces conversations entre épouses et mères, conversations si flétries par le nom de *commérages* ou de *mères ensemble*. « Plusieurs femmes de distinction, dont « les maris étaient moins violents que le sien, et qui néan- « moins portaient sur leur visage la marque des coups « qu'elles avaient reçus d'eux, accusaient, dans leurs entre-

« tiens familiers, la conduite de leurs époux. Ma mère leur
« disait qu'elles devaient s'en prendre à leur langue plutôt
« qu'à eux. Puis, leur donnant un conseil sérieux, sous
« forme de plaisanterie, elle ajoutait qu'au moment où
« elles avaient entendu lire pour la première fois ce qu'on
« appelle le contrat de mariage, elles avaient dû le consi-
« dérer comme l'acte qui établissait leur servitude ; et
« qu'ainsi elles ne devaient point, au mépris de leur con-
« dition, s'élever contre leurs maîtres. Ces femmes, qui
« savaient quel mari elle avait à supporter, lui témoignaient
« leur surprise de ce qu'elles n'avaient jamais ni entendu
« dire ni remarqué que Patrice l'eût frappée, où que leur
« union eût été troublée, même un seul jour, par des que-
« relles de ménage ; elles la priaient amicalement de leur
« en dire la cause ; alors elle leur faisait connaître la réso-
« lution qu'elle avait prise et dont j'ai parlé plus haut.
« Celles qui l'imitaient s'en trouvaient bien et l'en remer-
« ciaient ; les autres continuaient à subir les mêmes traite-
« ments. »

Que de vertu, que de sagesse, que de philosophie pratique dans ces quelques lignes !

Tant d'amour, secondé par une telle patience et une telle
prudence, ne pouvait être vaincu. Sainte Monique domina
bientôt celui qu'elle regardait comme son maître, au point
d'avoir sa confiance, son affection, et même, pour parler
comme saint Augustin, sa vénération. C'était tout pour
l'épouse ; ce n'était que le commencement pour la chrétienne, qui voulait sauver et le père et les enfants.

Le premier point qu'elle gagna fut la liberté d'élever ses enfants dans le christianisme. Malgré les promesses qu'il avait dû faire à son mariage, Patrice, qui était païen, voulait que ses enfants le fussent comme lui. Sainte Monique n'avait pu transiger au point d'être regardée, selon saint Paul, comme une apostate, pire qu'un infidèle. Son inaltérable patience sur le reste lui donna plus d'autorité dans cette lutte nécessaire. Mais qu'il fallut de force, de prudence et de douceur! Le combat fut long, puisqu'il durait encore lorsque saint Augustin avait l'âge de raison, puisqu'il se mit, nous dit-il, du côté de sainte Monique.

La dernière victoire se fit plus longtemps attendre, quoique sainte Monique ne l'eût jamais perdue de vue. Comment d'abord prononcer le premier mot de conversion? Croyant en faire déjà beaucoup en laissant la liberté à leur épouse, les maris impies ne souffrent pas facilement qu'elle leur parle de leur changement. — Cela ne te regarde pas, répondent-ils avec hauteur! Comme si une épouse dévouée pouvait être indifférente à l'alternative de voir son mari éternellement au ciel ou en enfer!

Loin de se laisser convaincre par cette logique, sainte Monique n'en tint compte que pour prendre les précautions de prudence nécessaires au triomphe. Elle se garda bien de prononcer d'abord le mot qui eût révolté. « Dès le « commencement de son mariage, dit saint Augustin, elle « s'efforça de conquérir son époux pour vous, ô mon Dieu, « en commençant à lui parler de vous par la sainteté de

« ses mœurs. » Ce premier langage avait eu, comme nous l'avons vu, une éloquence triomphante. C'était une immense et la principale préparation.

Quand et comment sainte Monique finit-elle par engager directement Patrice à se faire chrétien? Après la conquête absolue du cœur de son mari, c'était pour sainte Monique une question secondaire, dépendant des circonstances, que la sagesse d'une telle épouse ne manquerait pas de saisir. Trois passages des *Confessions* nous permettent de fixer quelques dates. En faisant l'histoire de sa quinzième année, dans le livre II, saint Augustin dit que son père était catéchumène, mais depuis peu. Au chapitre iv du livre III, en parlant de sa dix-neuvième année, il déclare que son père était mort depuis deux ans. Enfin, au livre IX, ch. ix, il écrit : « Enfin ma mère réussit à vous ramener son mari, « ô mon Dieu, dans les derniers jours de sa vie mortelle; « et du moment où il fut devenu chrétien fidèle, elle n'eut « plus à déplorer en lui ces désordres qu'elle avait sup- « portés avec résignation avant qu'il eût embrassé la vérité.»

Par ce précieux passage, on voit que Patrice reçut le baptême en pleine santé et encore dans le feu de ses passions, et que le temps qu'il vécut après, quoique court, fut assez long pour qu'il pût donner des preuves non équivoques de la sincérité de sa conversion, autrement son judicieux fils ne ferait point observer qu'à partir de ce moment, il mena une vie tellement édifiante qu'elle fit disparaître tout ombre de soupçon sur ses mœurs.

Cet heureux événement porta au comble le bonheur de

l'épouse, qui ne soupçonnait pas encore quels combats attendaient la mère pour le reste de sa carrière mortelle, et son affection pour celui qu'elle avait la confiance de voir dans les cieux devint si grande, qu'au rapport de saint Augustin elle répétait souvent : « Je ne mourrai pas heu- « reuse, si mes restes mortels ne reposent point à côté « de ceux de mon mari en attendant la résurrection. » Sublime désir! elle voulait se lever de la tombe avec son époux, comme du lit nuptial, pour s'envoler avec lui dans les cieux, au moment de la résurrection.

Nous verrons, plus tard, comment ce sentiment si légitime, mais cependant trop humain aux yeux du docteur de la grâce, acheva de s'épurer dans la longue lutte que nous allons maintenant voir la sainte mère soutenir pour la conversion de son fils.

On serait heureux de connaître les circonstances de la mort de Patrice, mais saint Augustin ne donne aucun détails sur la mort de son père.

LIVRE QUATRIÈME

LA MÈRE.

CHAPITRE Ier.

CONSIDÉRATIONS GÉNÉRALES SUR L'INFLUENCE DE SAINTE
MONIQUE DANS L'ÉDUCATION DE SAINT AUGUSTIN.

Sainte Monique peut s'appeler la convertisseuse : le mot
ne serait pas français qu'on le ferait pour elle. Belle-mère,
serviteurs, époux, elle a tout converti jusqu'ici. Elle convertira son fils ; elle convertira même la malheureuse qui
régnait sur le cœur égaré d'Augustin, et elle en fera une
sainte qui consacrera la fin de ses jours à la pénitence.

Tout ce que nous avons jusqu'ici n'est rien en comparaison
de la conversion d'Augustin ; mais pour cette œuvre, il lui
fallait un degré plus élevé de sainteté. Alors elle n'était pas
encore capable d'élever son fils, pas même de l'empêcher de
tomber dans les piéges qui environnent la jeunesse. « Mon
« ennemi invisible me foulait aux pieds et me séduisait,
« parce que rien ne m'empêchait d'être séduit, s'écrie saint
« Augustin en parlant de sa seizième année. » Et pour-

quoi était-il *séductible,* comme il le dit dans sa langue qui ne peut se traduire en français, c'est-à-dire pourquoi était-il la victime inerte de quiconque voulait le séduire ? « C'est, « dit-il avec mélancolie, que la mère de ma chair, quoique « sortie elle-même de Babylone, marchait encore trop len- « tement dans la bonne voie pour tout le reste. » Quel langage ! quelle profondeur de vue ! Sainte Monique était baptisée, elle était pieuse au point de convertir sa belle-mère et son mari ; cependant son fils était *corruptible* par sa faute ! Et en quoi sa faute ? *Pour le reste elle marchait trop lentement. Pour le reste !* Que d'autres points nécessaires pour une mère ! — Elle *marchait* cependant ! mais *trop lentement !* C'est qu'il faut qu'en tout la mère marche bien en avant, parce qu'on ne fera jamais que la suivre et bien en arrière. L'héroïsme de ses exemples doit entraîner, enlever, au moins par la honte d'être trop indigne d'une telle mère. L'enfant ne doit pas voir l'ombre d'une imper-fection, pas même d'une hésitation dans une mère ; autre-ment il est *séductible.* Ce n'est pas le directeur qui parle, c'est votre fils qui se confesse.

Après ce premier coup d'œil, entrons dans cette grande période de la vie de sainte Monique par une étude rapide sur l'éducation de cette époque.

L'éducation que reçut saint Augustin et la part qu'y prit sa mère furent regardées par tout le monde comme l'idéal de la perfection. A ce point de vue, le sujet devient d'un immense intérêt. L'éducation, c'est l'homme ; mais lorsque l'éducation est portée à ce degré, c'est la nation. C'est donc l'empire romain que nous allons juger dans le dernier terme progressif de son éducation.

Cependant saint Augustin se corrompit, et le peuple, dont il fut alors le plus noble représentant, se corrompit tellement que, pendant la vie de ce grand homme, Rome fut prise deux fois par les Barbares et Carthage anéantie. Afin qu'on n'attribue point les égarements de ce génie à des causes secondaires, il déclare qu'il faut en chercher le principe dans le système d'éducation si exalté par ses contemporains, et que son but, en écrivant, est moins de confesser ses péchés à Dieu qui les connaît, que d'ouvrir les yeux de la société sur la profondeur de l'abîme où elle se précipitait.

Ce qui rend ce sujet tout spécialement intéressant pour nous, c'est que l'éducation d'alors, que l'on vantait comme le dernier terme du progrès, ressemble d'une manière effrayante à celle dont notre malheureuse patrie est encore plus fière parce qu'elle est plus basse, avec cette différence que le respect de l'autorité paternelle et civile n'avait souffert aucune atteinte jusqu'au dernier moment chez les Romains, tandis que chez nous la démagogie a passé de la place publique au foyer domestique, au point que l'éducation est devenue l'école de la révolte contre toute autorité.

Je sens que ce livre va être une déception pour les mères habituées aux romans pieux, qui s'attendent à voir la jeune Monique enivrée des premières joies de la maternité, passant les jours à promener son fils aîné dans ses bras en lui répétant les doux noms de Jésus et de Marie, qui ne lui sera enlevé, plus tard, par un séducteur inconnu, que pour lui donner l'occasion, à cette charmante mère, de se couvrir de gloire en le convertissant. Mais je dois la vérité et à la dignité de l'histoire, et aux mères chrétiennes qui, sans le soupçonner, sont trop souvent par leur mollesse les premières causes des désordres de leurs fils, et à sainte Monique elle-même, qui non-seulement se corrigea de ses défauts à mesure qu'elle les connut, mais les fit servir à sa propre perfection.

Comment sainte Monique eût-elle d'abord été le modèle des mères chrétiennes quand la maternité n'existait pas encore, et que c'est elle qui la créera, en réparant les funestes effets de la première éducation de son fils? Hélas! la maternité chrétienne était la dernière planche de salut réservée par la Providence pour les fins des temps; et malheureusement déjà elle commence à se briser dans nos bras.

Exposons les grandes vérités! Toute la vertu des temps primitifs reposait sur la paternité. Chez le Peuple élu, on ne voit la mère nulle part : point d'enfants près de la femme forte, pas même de filles. Elle est mère pourtant, puisque nous voyons ses enfants se lever pour la louer à la fin de sa carrière; mais elle respecte les droits d'un père qui remplit ses devoirs.

Chez les Romains, la mère n'apparaît qu'au milieu de servantes pour travailler la laine et veiller au matériel de son intérieur.

Héritier des Juifs et vainqueur des païens, le christianisme, qui faisait avant tout appel à l'homme pour attirer tout à sa suite et par lui, n'avait encore créé les devoirs de la femme dans l'éducation que pour la veuve, parce que le père, alors plus fervent que la mère, dominait tout par sa fidélité à la plus sacrée de ses obligations.

Dans l'empire romain, tant qu'il grandit, l'éducation fut toute domestique. Nous ne voyons de maîtres que pour présider aux jeux de l'enfant sous le nom de *ludi magister*. Mais, quand il descendit de la gloire dans l'opulence, le luxe produisit un genre d'éducation qui déjà avait perdu la Grèce, qui perdit Rome et nous perd aujourd'hui.

Dès que l'enfant commençait à se connaître, il était livré, dans l'intérieur de la maison, à un ensemble d'esclaves instituteurs nommés par mépris grécules, parce qu'ils venaient généralement de Grèce, au moins dans l'origine. Pour faire des hommes libres, on les livrait à des esclaves tirés d'un peuple vaincu et dégradé par l'épuisement de sa civilisation (1).

Cette escouade de maîtres-esclaves avait un chef nommé pédagogue, qui ne montrait rien, mais conduisait l'enfant partout et surtout aux autres maîtres.

Lorsque l'enfant avait terminé ainsi ses études primaires, il était livré à des maîtres qui donnaient leurs leçons chez eux, payés et par les rétributions scolaires et par une pension de l'État. Autres cœurs doublement serviles

---

(1) La France est bientôt comme la Grèce ; elle fournira des professeurs à toute l'Europe.

par la nécessité de plaire, et au gouvernement qui les payait, et aux élèves qui pouvaient les quitter.

Le seul but de cette éducation était de former un beau langage latin et grec. On commençait par apprendre les expressions à la mode, et puis on s'exerçait à composer des discours sur des sujets imaginaires que l'on prononçait en public. Souvent l'élève faible se faisait composer ses discours par des amis plus forts, lesquels étaient les premiers à l'applaudir.

On ne demandait aucun compte de leur moralité à ces maîtres, que les chrétiens choisissaient même parmi les païens. Tout leur mérite consistait à parler correctement, et à expliquer les chefs-d'œuvre païens à leurs jeunes élèves.

Mais, dira une mère chrétienne, comment confiait-on ses enfants chrétiens à des païens pour entendre expliquer des ouvrages païens? Je lui demanderai comment il se fait qu'elle-même mette ses enfants dans des maisons où souvent pas un maître ne va à confesse, dont les élèves connaissent les femmes entretenues et les lui nomment pendant les vacances, sans qu'elle ait l'idée de les changer d'établissement.

Saint Augustin ne comprend pas comment on lui faisait, à lui chrétien, élevé pour être chaste, lire et apprendre les amours de Didon et les fables d'Homère; pourquoi on ne lui expliquait pas les auteurs sacrés; que dirait-il si aujourd'hui, après quinze cents ans de christianisme, il trouvait le même usage, non-seulement dans les colléges, mais dans les petits seminaires, quand il existe une littérature chrétienne supérieure à celle des païens? Il dirait que nous voulons redevenir païens, ce qui arrive en effet.

Dans un tel système d'éducation, il n'y avait point de place pour la mère chrétienne, aussi n'y paraît-elle que par l'admiration qu'excitait sa conduite envers sa belle-mère, envers les étrangers, et surtout envers son mari, inspirée par son inaltérable amour de Dieu. C'était assez pour commander ce respect souverain qui lui permit de dominer toujours le génie de son fils; c'était trop peu pour l'empêcher de se corrompre.

Ainsi l'éducation de cette époque était d'autant plus vicieuse qu'elle était plus brillante et plus dispendieuse. Je n'y vois qu'un point de bon, un seul point, que produira la discipline qui, jusqu'à la fin, n'a jamais failli dans les familles romaines. Cette discrétion de sainte Monique, sa douceur envers sa belle-mère et son époux viennent sans doute de sa sainteté; mais eût-elle eu l'idée de cet héroïsme si elle n'en avait trouvé le principe dans les mœurs du temps?

Le jeune Augustin était soumis dans la maison paternelle à des punitions corporelles qui lui inspiraient la plus grande terreur, au point qu'il ne priait Dieu, comme nous le verrons, que pour en être délivré. Cependant ses parents, même sa mère, malgré son amour, loin de s'interposer et de demander grâce, étaient les premiers à rire de ses larmes. Aussi ne voit-on dans les *Confessions* aucun manque de respect envers les parents, pas même un murmure, tant la majesté de l'autorité était imprimée dans l'esprit de l'enfant.

Cette autorité allait si loin, que sainte Monique put interdire sa table à son fils et le faire servir à part lorsqu'il fut tombé dans le manichéisme, quoiqu'il eût dix-huit ans et qu'il terminât la plus brillante éducation de son siècle.

Ce respect sauvera saint Augustin ; il eût pu sauver Rome. Quelle leçon pour les parents de nos jours qui, ne pouvant élever leurs enfants, les confient à des étrangers, dont ils sont les premiers à ruiner l'autorité en ne pouvant souffrir qu'ils subissent une punition. Si un maître les touchait du bout du doigt, ce serait un procès criminel, et, chose étrange, les tribunaux leur donneraient raison. O parents ! ô gouvernants ! brisez les verges ! Ou plutôt conservez-les pour les enfants contre les auteurs de leurs jours, pour les peuples contre les magistrats et les souverains ! Et une telle nation ne tomberait pas en ruines !

Avant d'aborder le fond de cette éducation, il est important de réunir les reproches que saint Augustin adresse à ses parents, et même à sa mère, en paroles couvertes, à cause du respect, mais parfaitement intelligibles pour qui sait comprendre.

Le premier est de s'être trop laissés éblouir par les espérances de gloire et de fortune que faisait concevoir le génie naissant de leur fils. Hélas ! elle avait sans doute puisé le principe de cette faiblesse dans sa première éducation.

N'était-ce pas en vue de la fortune et de la gloire que ses parents l'avaient plutôt livrée que mariée à un époux païen, contre toutes les règles de l'Église, contre ses propres inclinations, uniquement parce qu'il était curial et d'une fortune plus considérable! Comment n'eût-elle pas fini par adopter la manière de penser d'un époux qui ne lui avait été imposé que dans ce but, lorsque les talents extraordinaires de son fils lui présageaient le plus brillant succès!

Le second reproche, c'est d'avoir subi le joug de la coutume en laissant livrer son fils à une éducation de décadence qui devait infailliblement le perdre. « O torrent de « la coutume humaine, s'écrie saint Augustin, qui te « résistera? Quand te dessècheras-tu? Jusqu'à quand rou- « leras-tu les fils d'Ève jusqu'à la grande et formidable « mer que franchissent à peine ceux que porte le vaisseau « de l'Église? »

C'est dans la puissance de la coutume qu'il faut chercher les causes de toutes les décadences pour les peuples comme pour les individus, et de l'impuissance où ils se trouvent de se réformer. Lorsqu'un peuple arrive à l'état sénile, son vieil orgueil et sa paresse nouvelle avec le cortége de toutes les passions, lui font bientôt perdre le sentiment des vertus qui l'avaient fait puissant, et de la réputation desquelles il vit longtemps après qu'elles ont perdu leur vitalité. Mais en perdant la réalité, il garde les noms qui comme la brillante écorce, sous le titre de coutume, couvrent sa faiblesse de l'apparence de la grandeur et lui servent de passe-avant au milieu des générations futures qui les vénèrent comme l'expression des progrès de leur civilisation : c'est le torrent du vice qui prend ainsi sa source sur les hauteurs de la gloire, et se précipite dans l'abîme de la corruption, en se grossissant sur son passage d'innombrables affluents, court brillant par son écume, et faisant d'autant plus de bruit sur ses rives qu'il est plus près de se perdre dans l'océan de l'oubli.

Hélas ! ce torrent ne se dessèche qu'après avoir entraîné la nation entière. Seuls les chrétiens peuvent lui résister pourvu qu'ils se laissent guider par le pilote de l'Église ; mais avec quelle peine ! Sainte Monique ne connaissait pas encore assez le cœur humain pour prévoir les funestes conséquences de coutumes et d'une éducation auxquelles tout le monde applaudissait, et elle n'avait pas encore une sainteté assez affermie pour lutter seule contre l'entraînement général.

Profitons des Confessions de son fils pour nous éclairer sur des coutumes plus funestes encore, et armons les mères d'une invincible énergie pour qu'elles remontent le torrent.

CHAPITRE II.

On ne sait point d'une manière certaine combien sainte
Monique eut d'enfants, tant saint Augustin absorba toute
l'attention de la postérité ; elle en eut au moins trois : deux
garçons, Augustin et Navige, une fille, probablement nommée Perpétue.

On sait peu de chose de Navige ; on le voit avec Augustin à la mort de sa mère. Il l'avait donc accompagnée
d'Afrique en Italie pour ne pas la laisser seule affronter les
périls de la mer. Par le peu que saint Augustin dit de lui,
on voit qu'il n'était indigne ni de son frère ni de sa mère,
à laquelle il dut cependant donner quelques peines, puisque
le grand docteur dit de son frère, comme de lui-même,
qu'ils faisaient souffrir les douleurs de l'enfantement à leur
mère toutes les fois qu'ils s'éloignaient de Dieu.

Si ses enfants eussent toujours été des saints, sans doute
sainte Monique eût vécu plus heureuse, mais sa gloire
serait moins grande devant Dieu et devant les hommes.
Comme ce sont les égarements et la conversion d'Augustin qui remplissent véritablement la vie de cette illustre
mère, que c'est par là qu'elle est arrivée à ce grand degré
de gloire d'être la consolatrice, le modèle et la patronne

des mères chrétiennes, oublions tout le reste pour ne plus voir que le spectacle magnifique d'une pauvre mère, qui n'a guère eu que l'instruction que put lui donner la vieille esclave qui l'éleva, aux prises avec toutes les passions et tout le génie d'un des plus grands hommes que la terre ait porté, de saint Augustin.

Perpétue, dont il n'est pas dit un mot dans les *Confessions*, semble n'avoir jamais donné de peines sérieuses à sa mère. Veuve de bonne heure, elle consacra ses derniers jours à Dieu, et finit par être supérieure d'un couvent de vierges fondé par saint Augustin. Mais hâtons-nous de laisser de côté tout le reste de la famille pour ne plus voir que sainte Monique et saint Augustin en face l'un de l'autre.

Ce fut le 13 novembre de l'an 354, environ dans sa vingt-troisième année que sainte Monique sentit pour la première fois les douleurs, puis les joies de la maternité. Quel bonheur pour une jeune épouse d'avoir un Augustin pour premier-né! Sans doute ses parents, comme dit le grand docteur, ne savaient point ce qu'il serait un jour! Ils ignoraient et quel était son génie et quels seraient ses égarements d'abord, sa conversion ensuite et l'éclat qu'il devait jeter sur sa famille ici-bas et dans les cieux.

C'était leur fils et leur aîné! c'était assez. Ils l'aimèrent, ils le trouvèrent beau, ses traits leur annoncèrent le génie, et, chose prodigieuse, l'amour ne les trompa point : il en avait plus qu'ils ne purent le soupçonner. Quelle est la mère qui, dans l'enivrement de son amour, au moment où elle presse son premier-né dans ses bras pour la première fois, put rêver d'aussi belles destinées.

C'était l'enfant de la bénédiction. Monique l'avait conçu presqu'au sortir des eaux du baptême, au moment où ce cœur si.pur encore, tout brûlant d'amour de Dieu, après des fêtes si émouvantes, n'avait ressenti ni les chagrins de la vie, ni les épuisements des longues souffrances. Qui pourrait dire les prières de sainte Monique pendant qu'elle sentait se former dans son sein ce premier gage de son amour! C'est un grand devoir pour un mère d'être alors en état de grâce, afin d'attirer la bénédiction céleste sur son enfant.

Lorsque l'enfant fut né, on ne le présenta point au baptême par la crainte, comme nous l'avons vu, qu'il ne perdît son innocence baptismale dans l'âge des passions. Eut-on raison? Voici comment saint Augustin parle de cette détermination : « Je vous prie, ô mon Dieu, je voudrais le « savoir si telle est aussi votre volonté, de me faire con-« naître par quel dessein on différa mon baptême? Était-« ce, oui ou non, pour mon bien qu'on me lâcha ainsi la « bride pour pécher? Car c'est en cette vue qu'on dit tous « les jours des uns et des autres : Laissez-le! qu'il fasse ce « qu'il veut; il n'est pas encore baptisé. Et cependant pour « la santé du corps nous ne disons point : Laissez-le qu'il « se blesse encore davantage; il n'est pas encore guéri. « Oh! qu'il eût mieux valu rendre au plus tôt la santé à mon « âme, afin que je puisse réunir ensuite mes efforts à « ceux de mes parents pour conserver, sous votre protec-

« tion, cette vie précieuse qui m'eût été donnée! Oui !
« assurément, il eût mieux valu ; mais ma mère, prévoyant
« à combien d'innombrables tentations j'allais être livré
« après mon enfance, aima mieux abandonner à ce
« débordement la terre grossière dont un jour pourrait
« se former l'homme nouveau, que de lui livrer la forme
« divine que m'eût imprimée le baptême. »

Tout en blâmant cette détermination en elle-même, avec
le grand docteur, rendons avec lui hommage à la pureté
d'intention de sa sainte mère. D'ailleurs, nous verrons plus
tard les funestes effets de ce délai sur l'éducation religieuse
de saint Augustin. Sans doute pour le corps nous raison-
nons autrement que pour l'âme, et une blessure est une
raison de se guérir, non de se blesser davantage. Quelle
folie de pécher parce qu'on a déjà péché ! Quelle folie de
rester dans le péché par la seule raison qu'on y est ! Est-ce
que le mal qu'il nous fait n'est pas une raison de le haïr
davantage ?

Si sainte Monique ne fit point baptiser son fils, on le
marqua du signe de la croix, et on lui fit goûter le sel de
la sagesse. C'est la première cérémonie par laquelle on est
mis au rang des catéchumènes et par conséquent rangé
parmi les chrétiens. Sainte Monique avait en cela plusieurs
motifs. Elle se hâtait d'engager son enfant sous l'étendard
du Christ, afin d'enlever à Patrice l'idée de l'élever dans le
paganisme. Malgré cette précaution, elle eut bien des luttes
à soutenir sur ce point.

Elle s'imposait ainsi le devoir de parler de Jésus-Christ

à son enfant dans cette maison païenne; et elle le fit si bien que saint Augustin fut toujours dominé par l'amour de Dieu, souvent au point qu'il ne pouvait, plus tard, souffrir les écrits des philosophes païens, parce qu'il n'y lisait point le nom de Jésus-Christ.

D'ailleurs, quoique l'enfant ne fût point régénéré, cependant son nom se trouvait ainsi donné pour la milice sainte, et inscrit sur les rôles de l'Église. C'était lui créer un lien moral qui l'attachait à la vérité. Nous voyons, en effet, que cette démarche ne fut pas sans influence sur la direction des idées de l'enfant, qui se rangea toujours pour sa mère contre son père, lorsqu'il fut question de la religion qu'il embrasserait.

C'était beaucoup; mais nous verrons que ce n'était pas assez.

Pour le corps, tous les soins furent prodigués au nouveau-né. Sa mère se fit une obligation de l'allaiter elle-même. Point tellement important, que saint Augustin se fait un bonheur de le signaler. On ne saurait trop flétrir la mollesse et le défaut de cœur des mères qui ne remplissent pas ce devoir, quand la faiblesse de leur santé ou des nécessités insurmontables n'y mettent pas obstacle. La santé de l'enfant y est aussi intéressée que le salut.

Cependant comme la constitution de sainte Monique n'était pas à la hauteur de son dévouement, elle dut se faire seconder dans l'accomplissement de ce devoir par des nourrices. Mais on ne peut douter du soin qui fut apporté à les choisir.

3*

Dans les maisons opulentes, il y avait alors un monde d'esclaves-instituteurs attachés à l'enfant, surtout lorsqu'on se proposait de lui donner une éducation soignée. Nul doute donc qu'on n'ait attaché de bonne heure au jeune Augustin un pédagogue chargé de surveiller tous les soins et de conduire plus tard l'enfant dans les différentes écoles et des *ludi magistri* pour lui apprendre à parler et lui donner les premières instructions.

On ne voit point dans les souvenirs de saint Augustin qu'il ait eu le bonheur d'avoir auprès de lui un de ces cœurs dévoués, tels que sa sainte mère en avait trouvé un dans cette vieille esclave qui avait veillé avec tant de soin sur ses premières années. Hélas ! que pouvait-on attendre dans une maison païenne !

Il est pourtant de la plus haute importance qu'à cet âge l'enfant ait sous les yeux des personnes dont les gestes, l'accent, le maintien, le rayonnement de la figure et surtout des yeux respirent l'amour de Dieu et l'horreur du mal. Les observations de saint Augustin sur la manière dont il avait dû apprendre à parler comme les autres enfants sont pleines d'intérêt. « Comment ai-je appris à par- « ler, dit-il ? Je l'ai observé plus tard. Ce n'étaient point « des personnes plus âgées qui me présentaient les paroles « dans un ordre fixé par la science, comme peu après pour « la littérature. Ce fut moi-même, par la seule intelli- « gence que vous m'aviez donnée, ô mon Dieu ! M'aperce- « vant que mes gémissements, la variété de mes cris et des « mouvements de mon corps ne suffisaient point à expri-

« mer les désirs que je voulais voir satisfaits, et que je
« n'étais point compris en tout, je commençai à noter
« dans ma mémoire les mots par lesquels ceux qui m'en-
« touraient désignaient les objets, car je voyais qu'en
« les nommant ils s'en approchaient, je compris que le
« mot qu'ils avaient prononcé était le nom de ce qu'ils
« voulaient atteindre. Ce fut donc le mouvement de leur
« corps qui m'indiqua ce que j'appris : ces mouvements
« extérieurs du corps sont comme une langue commune à
« toutes les nations; en effet, le rayonnement des yeux,
« le jeu des traits du visage, les inflexions de la voix indi-
« quent toutes les affections, soit le désir, soit la répul-
« sion... C'est ainsi que je commençai à m'avancer sur la
« mer orageuse de la vie humaine, guidé par mes père
« et mère, et les personnes qui avaient sur moi l'autorité
« de l'âge. »

Que cette analyse est profonde! Ainsi, c'est par l'usage
absolument spontané de son intelligence que l'enfant ob-
serve : 1° Que ses gestes ne suffisent point à le faire comprendre comme il le désire, et que les personnes qui
l'entourent se comprennent mieux entre elles. Pourquoi ?
parce qu'elles ont un langage de convention. Mais il faut le
deviner ce langage! Comment? en supposant que les sons
qu'elles font entendre en approchant des objets doivent les
désigner. Quel effort de raison dans le petit enfant !

Mais pour en arriver à connaître le langage de convention, il doit y avoir un langage naturel qui précède l'autre
que l'enfant écoute avant tout, par lequel il parle et répond,

qui lui sert à deviner et à interpréter l'autre. C'est le langage des yeux, du geste, de l'accent, du maintien. Voilà le langage primitif, universel que l'enfant comprend le premier, avec lequel il interprète l'autre et qui lui servira toujours pour le rectifier.

Ainsi quand vous parlerez à l'enfant ou qu'il voudra vous comprendre, en même temps qu'il ouvrira l'oreille et fera travailler sa mémoire pour entendre et se rappeler les mots, il aura le regard fixé sur vos yeux, sur vos traits, sur votre maintien, pour saisir les innombrables valeurs que vous pouvez donner au même mot dans le fond de votre cœur. Vous prononcez le mot Dieu! Si votre extérieur, votre accent ne respirent point le plus profond respect, Dieu n'est rien, ou tout au plus un être vulgaire, au-dessous d'une pièce d'or qui fait jaillir le feu de votre regard et vibrer votre voix. Prononcez-vous les mots aimer, craindre, si l'enfant ne voit pas l'amour brûler et la crainte glacer notre extérieur, il ne sait à quoi s'en tenir. Ce sont des mots en l'air. Entend-il parler un étranger; pour savoir quelle valeur il doit attacher à ses impressions, il fixe son regard sur son père et sa mère, et lit dans leurs yeux ce qu'ils en pensent au fond de l'âme.

Voilà le grand langage des enfants : celui-là ne ment pas. Malheur à lui si, dans tout ce qui l'environne, le cri de la nature dément le langage de convention sur Dieu, le ciel, la terre et l'homme : l'enfant est perdu. Nous verrons, plus tard, que c'est ce langage qui séduisit le jeune Augustin.

CHAPITRE III.

DE LA DISCIPLINE DE SAINTE MONIQUE DANS L'ÉDUCATION

DE SES ENFANTS.

C'est ici le triomphe de sainte Monique. Ce chapitre est court, mais il est la clef de tout.

C'est la discipline qui gouverne, dit Tertullien, surtout dans la famille, et dans la famille surtout l'éducation des enfants. Pour rendre les enfants traitables, le premier point est de les former à une exacte discipline. Avec son cœur excellent sans doute, mais sans règle, la mère moderne est le plus grand obstacle à la discipline domestique.

Sainte Monique est ici un modèle accompli. Jeune personne, c'est le point où elle avait surtout excellé. *Élevée dans la discipline du Christ,* dit son fils, *elle avait été plus soumise à ses parents par Dieu qu'à Dieu par ses parents.* Mot profond qui va plus loin qu'à une critique voilée des parents de sainte Monique. Il marque avec précision que Dieu était le point de départ de l'autorité dans le cœur de sainte Monique. C'était Dieu qu'elle servait avant tout et non ses parents; c'était à cause de Dieu qu'elle obéissait à ses parents et non à cause de ses parents qu'elle obéissait à Dieu. Telle est la discipline du Christ; l'autre est la discipline des hommes qui veulent passer même avant Dieu.

C'est sur la discipline que nous l'avons vue régler sa maison, gagner sa belle-mère, édifier ses voisins et convertir son mari. Mais jusque-là c'était une discipline passive consistant surtout à se tenir dans son devoir. Saura-t-elle y maintenir son enfant, un enfant tel que saint Augustin? Cette jeune mère ne gâtera-t-elle point son aimable aîné, le petit prodige qui, chose merveilleuse, l'était en effet! Comment l'arrachera-t-on de ses bras? Comment pourra-t-on corriger les défauts de ce petit vaniteux si porté à la paresse et au plaisir? Comment imposera-t-elle le respect à ce génie, devant les talents précoces duquel tout le monde s'inclinera?

Encore une fois, c'est ici le triomphe de sainte Monique. Assurément, comme le lecteur va le voir dans les chapitres suivants, l'éducation du fils de sainte Monique laissa beaucoup à désirer sous plusieurs rapports, mais la discipline fut toujours exacte, le respect invincible et l'admiration sans limites, et ce n'est qu'après sa conversion, par ses réflexions de penseur chrétien, que saint Augustin s'est rendu compte de ce que sa mère avait pu laisser à désirer dans cette période si importante de sa vie. Aussi est-ce par la discipline qu'elle a converti son fils.

Non-seulement sainte Monique était soumise à la discipline, mais elle l'aimait. Aussi tout respirait en elle cette belle vertu. Ses yeux, ses gestes, le ton de sa voix, son extérieur, tout la prêchait, tout en proclamait l'admiration.

Quelle première leçon de discipline que le spectacle de sa conduite envers sa belle-mère et son mari, dont son enfant était tous les jours le témoin! Ici, les leçons n'étaient point démenties par les exemples.

Malgré la vivacité du cœur maternel dans sainte Monique, ses caresses, loin d'être portées à un excès blâmable, ne semblent pas même avoir laissé une impression assez profonde sur son fils. Au reste, je fais peu de cas de ces embrassements sans fin, qui trop souvent ne font des garçons que des filles assez gentilles, il est vrai, jusqu'à quinze ans, mais qui deviennent ensuite de vrais démons faisant mourir leurs mères de chagrin, tout en les embrassant pour leur arracher leur dernier sou nécessaire à leurs plaisirs; et font des filles de vraies poupées chargées de rubans au dehors et remplies de son et de cendres au-dedans, à la place d'entrailles.

Les moyens de discipline alors étaient grands et les châtiments corporels si graves, qu'ils produisaient, sur la vive imagination du jeune enfant, le même effet que les tortures des tyrans contre les martyrs. Voit-on une seule fois la jeune mère éperdue se jeter entre les pédagogues, ses esclaves, et son fils, leur maître? La voit-on du moins demander grâce? Jamais! Elle est la première à rire devant l'enfant stupéfait, de le voir ainsi pleurer et demander à Dieu un miracle pour l'arracher des mains de ceux qu'il regardait comme ses bourreaux. Quelle cruauté, dira une mère de nos jours! Et moi, je lui dirai : quelle barbarie à vous-même d'être la première, par votre sensibilité nerveuse et toute extérieure, de laisser votre enfant en proie à cette fièvre de l'indiscipline qui dévore son existence entière! Une femme de nos jours, écoutant l'histoire si palpitante du sacrifice d'Abraham, s'écria : Jamais Dieu n'eût commandé cela à une mère! Pourquoi non? Est-ce qu'une mère n'est point capable d'un amour assez profond pour consentir à sauver l'âme de son enfant au prix de sa vie? Pourquoi donc est-elle mère? Les premiers siècles du monde avaient donc raison d'écarter les mères du berceau des enfants, et nous avons tort de chercher à développer l'influence maternelle dans les derniers temps.

Voici un trait qui, s'il n'approche point du sacrifice d'Abraham, montre au moins une grande virilité. Lorsque sainte Monique apprit que son fils, alors dans sa dix-neuvième année, était tombé dans la secte des manichéens, sans colère, par la seule inspiration de sa foi, malgré son amour maternel, elle sépara ce jeune génie de la table où elle mangeait pour le faire servir à part, comme atteint d'une horrible contagion, le regardant et le pleurant absolument comme mort à partir de ce moment. Et le respect qu'elle commandait était tel, qu'Augustin se soumit à tout, frappé de stupeur, mais sans murmurer, sans même sentir diminuer en rien son estime pour sa mère. Que dis-je! à partir de ce moment, le respect devint de l'admiration. C'est qu'en frappant ainsi comme Abraham, elle pleurait comme Rachel, et ne voulait pas se laisser consoler parce que son fils n'était plus. Rien dans l'histoire qui caractérise avec plus de précision la discipline maternelle. Aussi est-ce alors qu'elle prit cet ascendant vainqueur qui finit par dompter totalement son fils.

La discipline de sainte Monique fut si admirablement tempérée par la sévérité, l'amour et la prudence, tellement inspirée par le dévouement pour Dieu et pour son fils, que jamais ce modèle des mères n'éprouva de conflit en face avec Augustin, pas plus qu'avec sa belle-mère et son mari. Ce qui frappe le plus dans les *Confessions* l'homme qui réfléchit, c'est que le grand docteur, qui s'accuse d'avoir volé des poires, n'a pas trouvé à s'accuser d'avoir une seule fois manqué de respect à sa mère au milieu de ses plus grands désordres.

On peut dire que sainte Monique n'a vécu que pour la discipline. Aussi la verrons-nous, après qu'elle aura poursuivi son fils sur terre et sur mer jusqu'à ce qu'elle ait ramené la brebis égarée au bercail, mourir tranquille, heureuse, comme une personne qui a fini sa carrière, dès que saint Augustin est baptisé. Comment, ô mère triomphante, vous défendez à votre fils converti de prier Dieu qu'il lui conserve une telle mère! Comment, vous pouvez demander ce que vous feriez désormais sur la terre, comme si on ne pouvait vous répondre à l'instant que vous y avez à jouir du fruit de votre zèle! N'appelez-vous donc n'avoir rien à faire que de voir votre fils converti par vous, prêtre, puis évêque et toujours docteur, convertir à son tour et les Donatistes qui ont tant épouvanté votre jeunesse, et les

Manichéens qui vous l'avaient ravi, et les Pélagiens ennemis de la grâce qui vous a fait triompher! Ce serait
une grande jouissance sans doute, mais elle n'a jamais
cherché que la règle. Meurs donc, ô mère de la discipline
chrétienne, et va prier au ciel pour les mères qui gâtent
leurs enfants.

CHAPITRE IV.

Le lecteur de la vie de sainte Monique attend ici un chapitre brillant et plein d'émotions : il sera déçu. Vous voulez la vérité, n'est-ce pas? la vérité est que l'éducation religieuse de saint Augustin fut manquée. Loin de moi la pensée d'accuser sainte Monique; la faute en est à sa position dans la maison d'un païen, à l'orgueil de Patrice qui veut avant tout un génie, et qui réussit à faire partager en partie ses espérances à son épouse, à la coutume, cette grande ennemie du bien qui *depuis le commencement du monde entraîne les hommes comme un torrent dans la grande mer de la perdition,* pour parler comme saint Augustin.

L'éducation religieuse est manquée dès qu'elle n'est pas assez dominante pour absorber tout, ou du moins pour ramener tout à Dieu. Puisque l'homme est l'enfant de Dieu, il doit être élevé uniquement pour son Père. C'est déjà un vice de distinguer plusieurs espèces d'éducations; en réalité il n'y en a qu'une, celle que doit recevoir un enfant de Dieu selon les devoirs publics ou privés que son Père céleste lui impose par sa vocation.

Faute de comprendre cette vérité, dans combien d'abîmes les peuples et les familles ne se précipitent-ils pas? Séparer la religion de l'État, comme si Dieu n'était pas l'auteur de la société aussi bien que de la religion! Séparer la philosophie de la théologie, comme si l'objet des deux n'était pas Dieu, comme si les preuves de la théologie ne satisfaisaient pas mieux la raison que les raisonnements abstraits! Qui ne sait qu'on ne sépare ainsi tout, que pour ne rien donner à celui à qui tout appartient! Aussi finira-t-il par ne rien donner à ceux qui n'ont droit à rien, et ont voulu tout prendre.

Un tort égal, c'est de séparer l'instruction de l'éducation. Confier l'instruction à des maîtres étrangers, et se réserver l'éducation, comme si l'instruction seule avait du prix! Si vous voulez des maîtres étrangers, choisissez-en qui soient encore plus capables d'élever que d'instruire. D'ailleurs, comment séparer l'un de l'autre? Point d'amour pour l'inconnu; pour aimer il faut connaître, et pour bien connaître il faut commencer par connaître Dieu, l'auteur et la dernière raison de tout. Celui qui ne comprend point ces principes, est non-seulement indigne de faire l'éducation, il est incapable d'en parler.

Quelle fut l'éducation religieuse de saint Augustin? A consulter sainte Monique, elle fut suffisante; nous ne voyons pas qu'elle ait eu de remords sur ce point. Dès que son fils fut né, ne le fit-elle pas marquer du signe de la croix, ne reçut-il pas le sel de la sagesse?

Si elle ne le présenta point au baptême, la coutume le lui permettait. D'ailleurs son intention était louable de ne pas exposer son fils à perdre l'innocence baptismale.

Elle maintenait toujours énergiquement son droit de réserver son fils pour le christianisme, contre son mari qui voulait en faire un païen comme lui; et elle fit tellement partager sa résolution à son enfant, qu'il se rangea toujours de son côté dans toutes les luttes à cet égard.

Elle lui fit aimer le nom de Jésus-Christ. Si elle ne lui parla point autrement de vérités religieuses, ce fut et pour obéir à la loi du secret, alors encore en vigueur, surtout dans une maison comme la sienne, et pour ne pas exciter des tempêtes de la part d'un père païen.

Aux yeux de Patrice, assurément son fils eut encore trop de religion, puisque le païen n'avait pas même l'idée d'une éducation religieuse, tout le service de ses prétendues divinités consistant dans un culte extérieur sans vertu et sans foi, purement superstitieux. Cet homme ambitieux qui, en dehors de ses passions, ne connaissait que la fortune et les honneurs, devait assurément s'indigner que son épouse en fît déjà tant! A quoi bon charger cet enfant de pratiques ridicules? Qu'il soit chrétien, soit, puisqu'on le veut. Mais ne peut-on pas l'être sans ces pratiques bonnes au plus pour le peuple? Lorsqu'il sera grand, il fera ce qu'il voudra!

Mais si l'on écoute la confession de l'enfant, cette éducation fut tellement manquée qu'elle n'eut aucune influence sérieuse sur ses passions.

Le délai du baptême avait l'inconvénient de lâcher la

bride aux passions de la jeunesse, comme saint Augustin le déclare pour lui-même et comme Tertullien le déclare pour tous les autres dans son traité de la Pénitence. Quelle tentation pour un cœur bouillant de se laisser aller sans frein aux plus mauvais penchants par l'espoir assuré du pardon !

Autre inconvénient en réalité plus grand encore pour un homme livré à des études brillantes dans une maison païenne, dans un siècle et dans un pays agités par les schismes et les hérésies, propagées par les intelligences les plus séduisantes : le défaut d'une instruction religieuse, en rapport avec le développement des idées et des objections en vogue. Quel vide dans une intelligence, comme celle d'Augustin, remplie des connaissances les plus variées, sans aucun principe religieux !

C'est sa confession qu'il faut écouter : « Nous avions « trouvé, dit-il, des hommes qui vous priaient ; et « nous avons appris d'eux, vous connaissant comme « nous le pouvions, que vous êtes quelque chose de « grand et que vous pouvez même, sans apparaître à « nos sens, nous exaucer et nous secourir. » Quoi ! pauvre enfant, tu n'avais fait que l'entendre dire ! Et ce n'était point à ta mère ; c'était à des hommes priant Dieu !

Et pourquoi le priais-tu, ce *quelque chose de grand? Tout petit, je vous priais avec un désir qui n'était pas petit de me délivrer des punitions en classe.* Quoi ! tu ne priais que pour échapper au supplice de maîtres redoutés ! Et tu ne connaissais pas d'autre enfer! Pas d'autres démons! Pauvre petit, tout en souriant de ta candeur, que je plains ton ignorance!

Il existait cependant alors des écoles chrétiennes pour les catéchumènes, on en voit d'établies partout. Celle d'Alexandrie était fameuse. Le diacre Déogratias qui en fut chargé à Carthage, un peu plus tard, excellait à donner cet enseignement.

Saint Augustin, qui regrette sans doute de ne pas l'avoir suivi dans son enfance, en trace les règles dans ses deux grands et célèbres traités, *De doctrina christiana* et *De erudiendis rudibus*. Il consistait dans l'explication de l'Écriture sainte et des Pères de l'Église, jusqu'à l'époque présente, en suivant la marche historique. Si l'on y joint la critique de l'erreur, la cité de Dieu en est le chef-d'œuvre pour l'antiquité; le Discours de Bossuet, sur l'histoire universelle, en est le cadre moderne, tracé par le plus grand génie des derniers temps, mais avec une couleur plus séculière.

Comment se fait-il que sainte Monique n'ait pas mis son enfant en rapport avec le prêtre ou le diacre de Thagaste, chargé de la doctrine chrétienne ou de l'instruction des ignorants? Hélas! Il faut en chercher la cause dans l'aveuglement de ses parents qui voulaient avant tout faire un prodige de leur fils.

Lorsque Augustin voulut se rendre compte de ses destinées, il entreprit de lire la Bible, d'abord seul; mais il n'y comprit rien et n'y trouva que dégoût. Ce n'est point à saint

Augustin que les protestants auraient pu prêcher la Bible, toute la Bible, rien que la Bible! Il leur répondait plus de mille ans d'avance (1).

Il fallait donc des guides, même à ce génie. Abandonné à lui-même, il les choisit et les choisit mal. Les protestants d'alors, les Manichéens protestaient contre la marche de l'Église, qui est d'imposer la foi à l'infaillibilité de l'enseignement, et permettaient, en apparence, à leurs adeptes de ne croire que ce qu'ils comprenaient, parce qu'ils leur promettaient de tout leur expliquer dans la Bible. Ils le promettaient, mais ils ne donnaient, comme toujours, que des paroles pour des raisons. Sur l'esprit des jeunes gens les grands mots de droits de la raison, de progrès, de lumières, furent toujours magiques. Ils séduisaient alors toute la jeunesse non baptisée des écoles. Saint Augustin fut d'abord leur victime, puis l'un de leurs apôtres les plus ardents.

Telles furent la faiblesse de son éducation religieuse et les terribles conséquences dans lesquelles elle l'entraîna. C'est ainsi qu'une mère sincèrement religieuse, mais qui marche d'un pas lent pour le reste, peut se faire illusion et, sans commettre de faute précise, laisser son enfant s'égarer.

Plus grande est la faiblesse de l'éducation religieuse de la jeunesse lettrée de nos jours et plus terrible sont les conséquences de cette ignorance.

(1) Voir le traité de l'*Avantage de croire*.

Au moins saint Augustin savait qu'il ne savait rien en religion et il avait devant lui la perspective de la préparation au baptême; tandis que la jeunesse de nos jours pour avoir mal appris un catéchisme qu'elle méprise, croit tout savoir, juge tout du sommet de sa science et méprise tout. Et la mère chrétienne qui lui fait donner cette éducation religieuse, croit avoir rempli son devoir!

CHAPITRE IV.

Si l'éducation religieuse de saint Augustin avait laissé à désirer, en revanche ses parents lui donnèrent la plus belle éducation littéraire de leur siècle.

Tout en faisant nos réserves sur la disproportion entre l'éducation littéraire et l'éducation religieuse, et sur le but qu'on donnait à cette éducation, arrêtons-nous dans ce chapitre à contempler la grandeur des sacrifices que s'imposa Patrice, et auxquels sainte Monique s'associe si généreusement, puisque, pendant les deux premières années de son veuvage, elle continua de payer seule toutes les dépenses de saint Augustin pour la fin de ses études.

Commençons par louer ce dévouement qui a doté l'humanité d'un des plus grands génies que la terre ait porté. Avant de se lancer dans une voie qui fait nécessairement engager toutes les ressources d'une famille entière à l'avantage d'un seul de ses membres, il faut s'être bien assuré de la supériorité intellectuelle de cet enfant. Mais, enfin, Patrice et Monique virent juste, et le succès les a pleinement absous devant la postérité.

Patrice, d'accord avec sainte Monique, fit suivre à son fils tous les cours les plus brillants. A peine l'enfant savait-il parler, qu'on le mit dans les écoles pour se former un beau langage, en vue de la gloire et de la fortune, que son talent semblait déjà lui présager dans la carrière des lettres.

Lorsqu'il fut assez grand et assez formé pour suivre les cours publics des *grammairiens,* comme on les nommait alors, on se hâta de lui choisir les maîtres les plus en réputation.

Quoiqu'il y eut des professeurs à Thagaste, puisque c'est là que saint Augustin commença plus tard à donner ses leçons, on ne les trouva point à la hauteur des espérances fondées sur le jeune étudiant, et on l'envoya à Madaure, où il fut jusqu'à sa seizième année. On ne parle point des pleurs de sainte Monique à la séparation : ce n'était point la manière des mères de ces temps-là. Monique aura le temps de pleurer quand son fils sera hérétique.

Il n'y avait point alors de pensions comme aujourd'hui. Les élèves se logeaient comme ils le voulaient, dans des maisons particulières, souvent chez des amis, l'hospitalité étant alors largement exercée. On regarde généralement nos pensionnats comme un progrès, tandis que c'est peut-être le dernier terme de la décomposition sociale. Autrefois ceux qui voulaient bien se conduire trouvaient dans leur isolement la liberté de leurs actes. Mais dans un lycée il faut en entrant passer sous les fourches caudines de l'esprit écolier, qui est l'esprit révolutionnaire, et de son organisation. Qu'on réfléchisse, et on verra que les écoliers n'ont commencé à jouer un rôle décisif dans nos révolutions que depuis l'organisation des internats. N'est-ce pas dans la haine contre les maîtres qu'on puise l'horreur de toute autorité, et cette habileté de calcul qui dépasse toutes les habiletés de la police la plus rafinée!

Sainte Monique faisait-elle tous les huit jours le voyage de Madaure d'abord, et plus tard de Carthage, pour désennuyer son fils? On n'en voit aucune trace dans les Confessions. Quelle était la surveillance paternelle? On ne le sait point. Cependant, on ne peut douter que le *pédagogue*, que le jeune Augustin trompait si bien chez ses parents, ne l'ait accompagné à Madaure et à Carthage, puisque c'était le but de cette fonction de surveiller toujours les enfants de famille et de les conduire chez les différents maîtres. C'était trop peu ; mais c'était la coutume!

Lorsque le futur docteur eut épuisé toute la science de Madaure, ses parents n'hésitèrent point à prendre le parti de l'envoyer à Carthage, la rivale de Rome pour la gloire littéraire, après l'avoir fait si longtemps trembler pour la domination. Saint Augustin était le dernier génie qui devait illustrer ses murs, hélas! aujourd'hui ensevelis sous les sables. Comme le cœur de cet amant des périodes sonores dut battre en foulant le seuil de ses portes! Les belles périodes d'écolier qui durent se présenter à son esprit en se rappelant sa gloire passée! Il ignorait alors qu'il dût un jour professer un si grand mépris pour l'ignominieuse *gloire* et *l'impuissante opulence*.

C'était le grand règne de l'art pour l'art, comme dans toutes les époques de décadence. On ne se préoccupait que des mots et des phrases, pour le style; des gestes et de la déclamation, pour l'action. Le reste n'était rien. On commençait par s'exercer à débiter les belles tirades de Cicéron, de Virgile et d'Homère; puis on faisait des discours sur des sujets imaginaires, qu'on déclamait en public. Voilà tout ce qu'on apprenait à la jeunesse qui devait présider aux destinées des générations futures.

Les maîtres n'avaient rien dans l'esprit, rien dans le cœur, des mots dans la bouche : voilà tout; en réalité une ignorance creuse. Ils mettaient des voiles à la porte de leurs écoles, en apparence pour cacher les grands mystères de leur science renfermés dans le sanctuaire, mais au fond ces voiles ne cachaient que l'ignorance des professeurs.

On faisait étudier Virgile et Homère à ce chrétien qui trouvait plus tard qu'il n'eût rien perdu de la science qu'il puisa chez ses professeurs, en étudiant les Livres Saints sous un maître chrétien. Que dirait-il, s'il revenait parmi nous et qu'il retrouvât ces auteurs détestés, non pas seulement dans les colléges, mais dans les petits séminaires? Il demanderait comment nous avons pu rester chrétiens. Il cesserait de s'étonner en voyant la manière dont nous le sommes, et demanderait par quelle folie condamnons-nous notre jeunesse à étudier ce qu'elle ne doit pas croire et à admirer ce qu'elle doit mépriser?

On lui répondrait sans doute : c'est la coutume. « Malheur à toi torrent de la coutume humaine, s'écrierait-il « alors plus fortement que dans ses Confessions! Qui

« pourra te résister? Quand seras-tu desséché? Combien
« de temps encore entraîneras-tu les malheureux enfants
« d'Ève dans cette mer profonde et redoutable, à laquelle
« échappent à peine ceux qui s'attachent au bois de la
« croix? N'est-ce pas emporté par ton cours qu'on m'a
« fait lire ce livre, où Jupiter lance la foudre et commet
« l'adultère?... Cependant, ô torrent infernal, on jette à la
« merci de tes flots, et on décerne des récompenses à ceux
« qui donnent ces leçons empoisonnées. C'est avec solennité
« qu'on enseigne ces choses, sous la publique protection des
« lois, et les magistrats ont ajouté un salaire aux rétribu-
« tions des élèves!... Ce ne sont point ces honteuses fictions
« qui gravent les mots dans la mémoire ; mais ces belles
« paroles n'ont d'autre but que d'adoucir ce qu'il y a de
« révoltant dans de semblables turpitudes. »

Calmez-vous, grand docteur ! Les Vandales arrivent pour
renverser les chaires des rhéteurs de Carthage ! Les Prus-
siens renversent celles des professeurs de Paris ! Mais le
torrent de la coutume coulera toujours dans les déserts des
rivages de l'Afrique et sur les bords de la Seine (1).

(1) Ceci était écrit avant la guerre de 1870.

CHAPITRE VI.

DE LA MANIÈRE DONT SAINTE MONIQUE FORMA LA CONSCIENCE
DE SON FILS.

L'infériorité de l'éducation religieuse de saint Augustin fausse complétement sa conscience. Comme c'est ici le point culminant de l'éducation, il faut mettre cette grande vérité dans un jour qui jettera une lumière éclatante sur les vices de l'éducation moderne.

La conscience est la grande loi de l'homme, son guide ici-bas, son accusateur ou son défenseur au tribunal de Dieu.

Mais ce qui domine la conscience, c'est l'amour du monde. Or, dit saint Augustin, il y a deux amours en face qui sollicitent le cœur de l'homme : l'amour de Dieu et l'amour du monde. La conscience n'est que la servante de celui de ces amours auquel l'homme livre son cœur.

Or, par le fait de ses parents, et en partie de sa mère, saint Augustin devint un amant de la gloire et des richesses du monde, jusqu'à son âge de dix-huit ans. Je ne connais rien de plus important pour une mère, que d'étudier comment le fils de sainte Monique tomba dans cet abîme, dont les autres ne sont que la conséquence.

Assurément sainte Monique ne l'a jamais soupçonné. Si

on l'eût interrogée, sa réponse n'eût pas été douteuse. Mais c'est la Confession de son fils qu'il faut écouter, puisqu'il a bien voulu la rendre publique pour l'instruction de tous les parents et des mères en particulier. Oh! si les mères qui se croient bonnes pouvaient entendre la confession de leur fils lorsqu'il a le bonheur de revenir à Dieu sur ses vieux jours, et qu'il a eu assez d'intelligence pour se rendre compte des premières impressions de son enfance!

La Confession d'Augustin sur ce point est longue, mais intéressante. Écoutons-la d'abord, nous ferons nos réflexions ensuite.

« O Dieu! ô mon Dieu! s'écrie-t-il, de combien de mi-« sères et de mystifications ai-je été la victime à cette « époque!» De mystifications, *ludificationis!* Et qui donc, charmant petit enfant, a pu se jouer de toi entre les bras de tes parents? Fais-nous-les connaître; fais-les connaître à ton excellente mère. — « *On* me proposait, dit-il, comme « l'idéal de la rectitude de la vie d'obéir à ceux qui « m'exhortaient à briller dans ce siècle, et à me rendre « habile dans ces arts de la langue dont tout le but est « d'acquérir les honneurs et les faux biens. »

Quoi! ce ne sont pas ces *maîtres ès arts de la langue* que tu accuses, sans doute! Ils faisaient leur métier; et on devait les connaître avant de les choisir; mais ce sont ceux qui lui présentaient l'obéissance à ces hommes comme l'idéal de la rectitude de la vie. Voilà évidemment les grands coupables. Mais quels sont-ils? Pauvre enfant, je te comprends, tu les désignes par *on. On,* c'est ton père; *on*, c'est ta mère. Entendez-vous, pauvre Monique?

Voyez-vous le piége? Ce tendre enfant, qui par lui-même ne pouvait distinguer le bien du mal, s'en rapportait nécessairement à .ceux auxquels ses parents lui commandaient d'obéir au nom du plus sacré des devoirs. C'étaient donc ses parents qui étaient responsables à ses yeux des erreurs qu'il avait puisées dans l'enseignement des maîtres, qu'il ne croyait que sur leur recommandation.

Un autre motif relevait peut-être encore davantage à ses yeux l'importance de cet enseignement : c'étaient les dépenses excessives auxquelles ses parents se condamnaient pour le lui procurer; on l'envoyait dans les écoles, pas simplement à Thagaste, mais à Madaure! mais à Carthage! Et avec quelles dépenses! Tandis qu'on ne l'envoyait même pas au diacre chargé de l'instruction des ignorants pour la religion !

Ces réflexions sont de la plus grande énergie. Écoutez-le:
« Voyez, ô mon Dieu! mais toujours avec votre patience
« inaltérable; voyez le soin minutieux que les enfants des
« hommes mettent à suivre les lois établies par les maîtres
« dans le langage, tandis qu'ils foulent aux pieds les lois
« immuables qui sont le chemin du salut éternel. O su-
« prême folie! S'il arrive à un de ces rhéteurs qui ensei-
« gnent les lois de la grammaire de prononcer mal le mot
« homme, il encourra le blâme général, bien plus que si,
« au mépris de vos commandements, il haïssait l'homme
« étant homme lui-même! »

« Comment, dit-il ailleurs, ne serais-je pas tombé dans

« le piége, quand on livrait devant moi au ridicule et à la
« confusion ceux qu'on me proposait à imiter, s'ils avaient
« le malheur de faire un barbarisme ou un solécisme en
« rendant compte de leur conduite, quelque honnête qu'elle
« fût, et qu'on accablait de louanges s'ils racontaient leurs
« infamies avec un langage correct et élégant!... Vous
« voyez cette conduite, Seigneur, et vous vous taisez,
« parce que vous êtes plein de longanimité et de miséri-
« corde. Mais vous êtes juste aussi : vous tairez-vous tou-
« jours ? » Entendez-vous, parents, qui choisissez pour
apprendre à vos enfants ceux qui applaudissent ces maîtres,
si vous ne les applaudissez pas vous-mêmes?

Mais continuons : « On me punissait, dit-il, et je ne
« savais pas le mal que je faisais... » — Mais, ô infamie !
« On me punissait plus, dit-il, pour une faute de langage
« que pour une faute contre vos commandements, ô mon
« Dieu!... » Comment un enfant, qui est convaincu par le
bon sens naturel que la sévérité du châtiment est la mesure
de la culpabilité, n'aurait-il pas fini par se croire plus coupable en péchant contre la grammaire que contre l'Évan-
gile?

Et quelles punitions, grand Dieu! surtout lorsqu'on ne
voit pas que saint Augustin en ait subi une seule pour une
faute contre la loi divine; et quelle impression de terreur
elles produisaient sur lui! Aussi les supplices finirent-ils
par subjuguer cette grande nature. Il opposait la paresse
et l'amour des jeux à ces travaux *dont il ne voyait pas
bien l'utilité*. Les corrections alors étaient corporelles et

sévères ; aussi faisaient-elles à cet enfant, qui refusait d'adorer la grammaire, le même effet que le récit des tortures effroyables par lesquelles les empereurs païens, pédagogues de l'enfer, prétendaient forcer les enfants de Dieu à brûler un encens impie devant les idoles. Ce serait plaisant, si les conséquences n'avaient pas été si désastreuses, de voir ce petit écolier de quatre ou cinq ans s'écrier à la vue des punitions qui l'attendent : « Existe-t-il, Seigneur, « des âmes assez grandes... pour voir d'un œil indifférent « les chevalets, les ongles de fer, l'appareil des bourreaux « si redoutables partout aux autres hommes qui frisonnent « et conjurent le ciel à la vue d'aussi terribles épreuves ? « Se peut-il que le mépris de ces âmes héroïques pour les « supplices les porte même à se railler de ceux à qui ils « inspirent un si grand effroi, de même que mes parents « se raillaient du châtiment qui m'était infligé par mes « maîtres ? En vérité, je ne craignais pas moins ce châti- « ment qu'un cruel supplice, et je ne mettais pas moins « d'instance à vous prier de me l'épargner. »

L'infortuné défendit vaillamment son indépendance. Il *pria Dieu que des étrangers lui avaient appris à connaître;* mais, voyant que Dieu ne l'exauçait point, *voyant qu'on se moquait de ses prières, tout le monde, même ses parents,* même sa mère, il succomba, brûla de l'encens à la déesse Rhétorique, reconnut les professeurs pour ses prêtres, ne connut plus de péchés que les solécismes et les barbarismes, sa Bible fut la grammaire, son jugement dernier l'assemblée publique devant laquelle il devait débiter ses discours, et son paradis un palais à la ville et une villa dans la campagne, avec la fortune et la gloire rêvées de loin pour la fin de ses jours. A partir de ce moment, le voilà adorateur des phrases ; il ne verra dans tous les événements que des sujets de composition littéraire, et dans la vie entière qu'une grande période commençant au berceau et finissant à la tombe.

Heureusement ce *phraséolâtre* se convertit. Écoutez la prière qui termine cette partie de sa Confession. Lorsqu'il fut entré dans la classe du *bon Dieu,* son nouveau maître, voici comme il lui parle : « Maître, exaucez ma prière. Ne « permettez pas que je sorte de votre école, et que je cesse « jamais de confesser les miséricordes par lesquelles vous « m'avez arraché à mes voies si mauvaises. Puissé-je trou - « ver toujours en vous plus de douceurs que dans les « illusions que je suivais ; que je vous aime de toutes mes « forces, que j'embrasse votre main de tout mon cœur ; « que vous m'arrachiez à toute tentation jusqu'à la fin. « Voilà que maintenant c'est vous qui êtes mon maître, « mon roi et mon Dieu. Je mets à votre service tout ce « que j'ai appris d'utile dans mon enfance : à votre service « mon éloquence ! à votre service mes écrits ! à votre ser- « vice mes études ! à votre service ma science ! Pendant « que j'apprenais des choses vaines, c'est vous qui me rete- « niez secrètement ; et vous m'avez pardonné les plaisirs « coupables qu'elles m'avaient procurés. Il est vrai que « j'ai puisé dans ces folles études nombre de locutions « utiles ; mais j'aurais pu les apprendre dans les lectures

« moins frivoles : n'est-ce pas par cette voie pleine de
« sûreté que l'on devrait conduire l'enfance? »

Assurément le voilà bien éclairé maintenant! mais que
de malheureuses victimes ont été ainsi égarées, aveuglées
par leurs parents et n'ont jamais rouvert les yeux à la
lumière! Tels sont ceux qui précipitent aujourd'hui notre
patrie dans le fond de l'abîme en s'y engloutissant eux-
mêmes.

CHAPITRE VII.

DE L'ESPRIT DE FAMILLE DANS SAINT AUGUSTIN (1).

Après la conscience, le point le plus important de l'éducation est l'esprit de famille : c'est au cœur de l'enfant que se fait reconnaître la mère.

Saint Augustin est une des plus riches natures qui aient existé, un des esprits les plus larges, les plus judicieux, les plus exacts, les plus tolérants, en un mot les mieux doués. Cependant il est prodigieux jusqu'à quel point il fut dépourvu de l'esprit de famille, jusqu'au temps de sa conversion.

Il n'y a que l'esprit de respect et de discipline qu'il n'a jamais perdu. Pas une désobéissance en face, pas un manque de respect, pas un murmure en arrière dans la maison paternelle. Plus tard, quoique la vanité l'eût beaucoup répandu dans la société des *bouleverseurs*, dont nous allons bientôt parler, il avait toujours réprouvé les excès d'indiscipline auxquels ils se livraient. Ce premier point, si rare aujourd'hui, est admirable dans les Confessions. Mais ne lui demandez rien de plus. Jusqu'à sa conversion, on n'y voit de lui ni un sentiment de regret d'être séparé

(1) On pourrait plutôt intituler ce chapitre : *De l'esprit écolier de saint Augustin.*

de ses parents, ni un mouvement de joie de les revoir, ni une marque de reconnaissance pour les énormes sacrifices que leur imposait son éducation. Et, chose étrange, le pauvre enfant ne sent pas le vide affreux qui se trouve en lui. Hélas! malheureux parents, lorsque vous ne vous occupez de vos enfants que pour leur payer des maîtres, vos enfants sont perdus pour vous, et trop souvent pour eux-mêmes.

Ne vous trompez point, pères et mères qui lisez ces pages, tant que par l'éducation domestique vous n'aurez pas créé votre image dans le cœur de votre enfant, vous aurez le corps, mais l'âme appartiendra à ceux qui l'auront formée; il sera le frère de cœur et d'âme de tous les écoliers qui auront partagé ses leçons et non de ceux qui auront été conçus dans le même sein de mère. Voyez saint Augustin : jamais il n'a été par le cœur l'enfant de Patrice, dont il ne parle, sans s'en douter, que comme d'un étranger. Il n'a été l'enfant de sainte Monique qu'après sa conversion. On sent, on voit que cette immense affection pour sa mère, qui brille dans toutes les lignes de ses Confessions, ne date que de son changement. Avant, pas une marque d'affection sérieuse, et cependant Augustin est un homme de génie et de cœur, et sa mère est sainte Monique! A son retour de Madaure, il se corrompt dans la maison de ses parents par l'ennui et le dégoût. Il quitte l'Afrique pour l'Italie, en trompant sa mère qu'il n'embrasse même pas. Pendant cette longue absence, on n'a pas conservé une lettre, on ne sait pas qu'il en ait écrit une à sa mère. Et cependant il aime ses amis, il est plein d'expressions dans leur société.

Son amitié pour Nebridius, jeune homme de Thagaste, est ravissante. Quelle ne fut pas sa douleur quand la mort le lui enleva ! « Ce coup affreux, dit-il, remplit mon âme « d'une ténébreuse douleur ; partout où je portais mes « regards, je ne voyais que la mort. Le séjour de ma « patrie me devenait un supplice, et la maison paternelle « un lieu d'affreuses calamités ; les objets dont j'avais par- « tagé la jouissance avec lui, me causaient, par le fait de « son absence, d'indicibles tortures. Mes yeux le cher- « chaient partout. J'étais devenu pour moi-même un pro- « blème insoluble... Les larmes seules avaient pour moi « des douceurs, et remplaçaient dans mon cœur les délices « de mon amitié. »

Quoi de touchant comme la manière dont il exprime sa reconnaissance à Romanin dans son second livre Contre les Académiciens. « Pourrai-je jamais te payer, même en « reconnaissance, lui dit-il?... Quand, jeune et pauvre, je « quittais mon pays pour commencer mes études, ne « m'ouvris-tu pas ta maison, ta bourse, et ce qui vaut « mieux, ton cœur? Lorsque je perdis mon père, ton amitié « me consola, tes discours m'encouragèrent, ta fortune « me vint en aide. Et dans notre ville même, tes bontés, « ton amitié, l'honneur d'habiter ta maison me rendirent « presque aussi considérable, aussi haut placé que toi... (1)»

(1) Chapitre II. Le passage est très-long et d'autant plus beau qu'il est adressé de vive voix à son ami (Traduction de Poujoulat).

Assurément, voilà du cœur. Oui, pour des étrangers; mais pour ses parents, pas un mot. Il ne parle d'un frère qu'en passant et seulement à la mort de sa mère. Rien de son excellente sœur. Pauvres parents, que vous vous donnez de mal pour ne plus avoir d'enfants!

Saint Augustin fut en même temps perdu pour lui-même. Rebuté par des études trop précoces, il fut d'abord paresseux à l'excès, puis dès qu'il eut fait quelques progrès, vaniteux au dernier point, ne tenant aucun compte de la vertu et mettant tout son mérite à savoir des mots à la mode et à les placer avec élégance.

Bientôt son cœur se corrompit complétement, d'abord à Madaure, où, comme nous l'avons dit, il fut envoyé dès qu'il put sortir de la maison. Ses qualités extérieures, son amour pour le jeu et sa vanité devaient le rendre victime de la corruption de ses compagnons.

Rappelé à Thagaste pour donner le temps à ses parents de faire des économies qui permissent de l'envoyer à Carthage, il acheva de se perdre par l'ennui auprès d'eux. Sa pauvre mère ne comprit pas que cet ennui près d'elle était un signe, et ne conçut aucune inquiétude. Seulement comme Patrice, qui s'était aperçu du développement des passions de son malheureux fils, n'y vit qu'une espérance païenne de se voir une postérité et qu'il en parla dans ce sens à son épouse, sainte Monique prit son fils à part, et dans une conversation particulière, excellente, mais trop molle, lui recommanda d'éviter l'impureté, surtout l'adultère. Cette limite était large; Augustin n'y vit cependant

qu'un *propos de femme,* auquel *il eût trouvé honteux de se rendre.* « J'étais alors, dit-il, entraîné vers l'abîme avec
« un tel aveuglement que j'aurais rougi de céder en infamie
« à mes camarades, parce que je les entendais se vanter
« de leurs turpitudes avec d'autant plus de jactance qu'elles
« étaient plus infâmes. Je me vantais moins par l'amour
« du mal que des louanges. » O écolier !

C'est à Carthage, dans sa dix-septième année, qu'il mit
le comble à tout, mais encore par vanité d'abord. « J'arri-
« vai à Carthage, dit-il, et voilà que tout autour de moi
« bouillonnait la chaudière pleine des infâmes amours. Je
« n'aimais pas encore, mais j'aimais à être aimé, et par
« une indigence plus profonde, je me haïssais de me voir
« moins indigent que les autres. Je cherchais qui aimer,
« aimant à être aimé, et haïssant la tranquillité et la vie
« sans piége. » Quel tableau ! Et c'est aujourd'hui celui
de nos grandes villes ! Tirons le rideau et disons qu'Augustin trouva la proie qu'il cherchait. A force d'être envi-
ronné de flammes son cœur s'embrasa.

Rien ne l'arrêta, pas même le lieu saint. S'étant permis
une indécence devant la Majesté des autels, il fut frappé de
Dieu. Le malheureux reconnut la main du Tout-Puissant
et ne se convertit point. Quelles furent les circonstances ?
L'illustre pénitent a cru devoir les laisser sous le voile ;
respectons sa discrétion.

Si le cœur du jeune Augustin était gâté, son esprit avait
plus souffert encore. En cessant d'être un fils, il était
devenu un écolier. Malheur à l'homme qui est tombé

enfant dans un milieu où règne l'esprit écolier. Assurément il est bien des sortes de mauvais esprits, mais il n'en
est point de si mauvais que celui-là.

Sans doute, l'esprit écolier se manifeste plus ou moins
dans tous les lieux où les enfants se trouvent entassés loin
de leurs parents, sous la direction d'un petit nombre de
maîtres salariés qui ne s'occupent que de l'instruction et
ne peuvent pas même donner leurs soins au cœur; mais
nulle part et jamais il n'a régné comme il faisait alors en
Afrique et surtout à Carthage.

Augustin était fait pour dominer en tout et partout. Il
imita d'abord et bientôt surpassa tous ses condisciples. Dès
la maison paternelle, sous cette cohorte de maîtres dont
on l'environnait, il avait pris les premières teintes de ce
détestable esprit qui se développa à Madaure, puis à Carthage.

Les écoliers sont menteurs, gourmands, et par suite de
la gourmandise, voleurs de fruits et de friandises. Laissons
saint Augustin raconter ses fautes sur ce point, afin de ne
pas les prendre pour des bagatelles : « Dès mon enfance,
« j'étais sur le seuil de la corruption, craignant plus de
« faire un barbarisme que de porter envie à ceux qui
« parlaient mieux que moi... Je ne voyais point l'abîme.
« J'étais loué en cela par ceux qu'on me donnait comme
« les modèles du bien-vivre... » Toujours le pénitent a
devant les yeux la folie de ses parents qui l'avaient trompé
en lui donnant de tels modèles. Mais écoutons : « Je dé-
« plaisais même à de tels maîtres en trompant mon péda-

« gogue, mes *magisters* et mes parents, par l'amour du
« jeu, la passion pour les spectacles frivoles, et la fureur
« d'imiter les spectacles. Je volais des friandises dans le
« cellier et sur la table de mes parents, ou par gourman-
« dise, ou pour payer la complaisance des enfants qui me
« vendaient les plaisirs dont ils prenaient leur part. Je
« dérobais souvent la victoire dans nos jeux, par la seule
« envie de l'emporter à tout prix. Découvrais-je la fraude
« des autres, je me montrais intraitable. Étais-je surpris,
« j'éclatais avec plus de violence encore, pour ne point
« paraître céder. » Voilà bien les petits écoliers!

Mais écoutons le grand philosophe et tremblons : « Est-
« ce là l'innocence des enfants? Non, Seigneur, non!
« Pardon, ô mon Dieu. Ce qu'ils sont avec leurs pédago-
« gues, leurs magisters, leurs noix, leurs ballons et leurs
« nids d'oiseaux, ils le seront avec les gouverneurs, les
« rois, l'or, les domaines et les esclaves. Aux fautes des
« enfants succèdent les crimes des grands, comme les
« supplices succèdent à la férule. » Voilà la grande question sociale posée.

Le penseur termine par ce mot glaçant d'un homme qui
n'a connu les enfants que par les écoliers : « Vous n'avez
« pu donner les enfants pour le modèle de l'humanité, ô
« Dieu notre roi, lorsque vous avez dit que le royaume
« des cieux leur appartient, qu'en regardant la petitesse
« de leur taille. » Pauvre écolier, tu n'a jamais connu les
vrais enfants.

Le vol qui laissa le plus de remords dans la conscience

du pénitent, fut une expédition nocturne avec ses camarades pour dévaliser un poirier de fruits si mauvais qu'ils n'en mangèrent même pas, et dont ils en rapportèrent une telle quantité qu'ils ne savaient où les cacher; et cependant il avait trop de bons fruits chez lui. Fureur de détruire des écoliers!

A mesure que l'écolier avance dans ses études, il devient esprit fort et affecte le mépris pour les choses saintes. Or, il arriva qu'un des camarades du fils de Monique, Nebridius, tomba malade. Comme il n'était pas encore baptisé, on lui administra le sacrement de la régénération, quoiqu'il fut dans le délire. Le jeune Augustin qui, à cause de son talent et de son amour des louanges, aimait à s'attirer l'attention, ne manqua pas l'occasion de faire des plaisanteries piquantes sur la prétendue folie d'administrer un sacrement à une personne sans connaissance, au risque de faire mourir son ami sans baptême. Heureusement Dieu permit que les effets de la grâce se manifestassent d'une manière sensible, et le jeune philosophe en fut pour ses frais d'esprit, sans devenir plus sage pour cela.

Par l'influence des camarades corrompus qui ne manquent jamais de s'ériger en professeurs d'immoralité, par les auteurs dissolus qui sont l'objet le plus attrayant de leurs lectures secrètes et même de leurs études littéraires, les écoliers non-seulement sont exposés à tous les excès des passions, mais se font une sorte de gloire de leurs désordres, et comme ils sont très-vaniteux, ils se font même honneur de crimes qu'ils n'ont osé commettre.

4*

Jamais sainte Monique n'eût pu corriger son fils de cet esprit détestable, en devenant professeur à son tour, il n'eût compris par son expérience, ce que des écoliers peuvent faire souffrir à leurs maîtres.

A Carthage, comme nous l'avons dit, les écoliers avaient su renchérir sur le reste du monde. Il faut entendre saint Augustin sur ce sujet : « Si je pris le parti d'aller à Rome, « dit-il, ce ne fut pour augmenter ni mes profits, ni ma « renommée, selon le conseil de mes amis; mon grand « motif, et presque le seul, fut qu'on me disait que les « écoliers y étaient plus calmes et plus soumis au frein « d'une discipline régulière. Ils n'y envahissaient point, « selon leur caprice et avec la dernière insolence, la classe « d'un maître dont ils ne suivaient point les leçons; et ils « ne pouvaient y entrer sans sa permission. »

A Carthage, au contraire, la licence des écoliers est hideuse et sans frein. Ils pénètrent dans une classe d'une manière impudente, et avec un visage presque furieux, troublant l'ordre que le maître établit pour faire profiter ses élèves. Ils font *avec une étonnante stupidité* beaucoup d'actes contraires aux lois qui devaient être condamnés par les tribunaux, si la coutume ne les autorisait pas. Ceux qui se livraient à ces désordres, s'en faisaient gloire, et se donnaient avec orgueil le nom de *bouleverseurs, eversores.*

Quelques eussent été les folies d'Augustin, cependant sa conduite était modérée et il n'en était jamais venu à ces excès, quoique, par regret humain, il fut très à la mode dans la société des *bouleverseurs.* « Ainsi donc, ajoute-t-il,

« ces usages que je m'étais interdits étant écolier, j'étais
« forcé de les subir comme maître. Voilà pourquoi je
« voulais aller où les gens bien renseignés me disaient
« que les choses se passaient autrement. »

Mais hélas! les écoliers le sont partout, « Sans doute, dit-
« il, ailleurs, je ne trouvais point à Rome ces invasions
« de classe qui me blessaient en Afrique, mais les écoliers
« s'y réunissaient dans un vaste complot pour changer de
« classe, afin de ne point payer leur maître, trahissant
« ainsi la confiance en hommes qui mettent l'argent bien
« au-dessus de l'équité. » Bouleverseur ou voleur, peu
importe à des écoliers, dès que c'est la mode!

Cette injustice porta non-seulement saint Augustin à
quitter Rome comme il l'avait fait pour Carthage ; mais lui
fit faire les plus profondes réflexions sur les folies et
l'orgueil de cette jeunesse sans parents, vrais sauvages de
la civilisation, pires que ceux de la barbarie qui paraissent
dans les sociétés en décrépitude, comme les champignons
au pied des arbres qui meurent. Rome périt, nous péris-
sons, ainsi ont péri et périront tous les peuples. Voyez,
Augustin s'enfuit à Rome devant les écoliers de Carthage,
à Milan, devant les écoliers de Rome et à Cassiaque,
devant les écoliers de Milan, jusqu'à ce que le baptême fît
de lui un homme d'abord, puis un prêtre, un évêque, et le
docteur de la grâce destiné surtout au salut des écoliers.

LIVRE CINQUIÈME

VEUVAGE DE SAINTE MONIQUE OU CONVERSION DE SAINT AUGUSTIN.

CHAPITRE Ier.

DOULEUR DE SAINTE MONIQUE LORSQU'ELLE APPREND LA CHUTE DE SON FILS; SA SAINTETÉ, SA CONDUITE ENVERS LUI, SES PRIÈRES ADRESSÉES A DIEU, SES DÉMARCHES AUPRÈS DES HOMMES.

Que la conduite de la Providence est admirable ! Si Patrice eût vécu autant que son épouse, Augustin était perdu et sainte Monique demeurait une femme vulgaire. Patrice est enlevé par la mort au moment où il semblait le plus nécessaire, puisque les études de saint Augustin prenaient un nouveau développement, et cette catastrophe sauve tout, par la miséricorde de Dieu ! Quel sujet d'espérance !

C'est à son veuvage que sainte Monique commence à montrer les grandes qualités de son cœur maternel. C'est le veuvage qui la débarrassa de toutes les entraves, et l'investit de la responsabilité de ses enfants. Plus d'illusions possibles. Saint Paul a dit qu'une veuve qui ne sait point gouverner sa maison, par conséquent bien élever ses enfants, a renié la foi et est pire qu'une infidèle. A renié la foi ! Il n'est donc pas nécessaire pour qu'une veuve apostasie qu'elle aille dans le temple des idoles offrir un encens sacrilége ; il suffit qu'elle néglige l'éducation de ses enfants.

Le premier devoir d'une veuve est le service de Dieu, de qui lui viendra désormais tout son appui. Hélas ! sainte Monique avait dû être bien contrariée dans sa piété pendant son mariage, et ses exercices religieux avaient surtout été dérangés et même omis. Mais dès qu'elle fut maîtresse de ses actes, alors elle se donna tout entière à ses devoirs envers Dieu.

Voici comment son fils nous décrit sa vie religieuse :
« Dieu des miséricordes, pouviez-vous mépriser le cœur
« contrit et humilié d'une veuve chaste et mortifiée, prati-
« quant l'aumône, honorant et obligeant vos fidèles, ne
« laissant passer aucun jour sans apporter son offrande à
« votre autel ; venant exactement deux fois par jour dans
« votre temple, non pour s'y livrer à de vaines causeries
« avec des femmes de son âge, mais pour écouter votre pa-
« role et vous adresser ses prières. »

Ce passage important nous montre la beauté du veuvage de sainte Monique. L'ordre des matières est remarquable : les œuvres morales pendant les pratiques de piété à l'église ! A quoi sert cette dévotion tout extérieure quand elle n'est point honorée et préparée par l'exacte observation des devoirs? Comment oser se présenter au pied des autels avec un cœur qui n'est point pur?

La première obligation de la veuve est la chasteté. Le veuvage est une seconde virginité. La veuve qui n'est pas chaste, est plus méprisable que la jeune personne.

Mais la chasteté est fille de la mortification. Aussi le grand docteur a-t-il soin de mettre cette vertu préservatrice immédiatement après.

Il est à remarquer avec quelle insistance saint Augustin revient sur cette vertu de sa mère et dans son éducation et dans son âge mûr. Il en parlera encore lors des offrandes que sainte Monique présentait à l'église de Milan. C'est que la tempérance et la mortification sont la source de toutes les vertus morales.

Après les vertus privées viennent les devoirs envers le prochain : d'abord envers les pauvres, l'aumône qui attire tant la bénédiction de Dieu et des hommes ; rien n'honore plus la religion devant les mondains que l'aumône.

Viennent ensuite les devoirs de respect envers les fidèles, les frères, les prêtres, comme représentant Dieu. Ils consistaient à se prosterner aux pieds par respect, à laver les pieds des frères en voyage et autres services de cette hospitalité chrétienne qui a disparu avec la ferveur.

Ce n'est qu'après tous ces degrés qui élèvent progressivement le chrétien de la dignité morale jusqu'à la sainteté religieuse, que le grand docteur nous présente les rapports de sa mère avec le temple et l'autel. Comme alors ses offrandes étaient pures devant Dieu ! Comme cette hostie qu'elle préparait elle-même pour être consacrée et lui être rendue à la communion, était agréable au Seigneur ! C'est ainsi que la religion est grande et belle.

Patrice mourut dans la dix-septième année de saint Augustin, par conséquent dans la fin de l'an 371 ou le commencement de l'an 372. Pendant les deux premières années qui suivirent, sainte Monique remplit sans doute exactement ses nouveaux devoirs ; mais comme elle ne soupçonnait pas les funestes effets de l'éducation de son fils qui terminait ses études à Carthage, elle continua, comme dit saint Augustin, de faire les frais des leçons qui achevèrent de le corrompre.

Ce qui lui ouvrit les yeux, ce fut l'annonce que ce malheureux fils vint lui faire de son affiliation à l'hérésie des Manichéens, la secte la plus infâme que la terre ait jamais portée. Je n'oserais mettre, même en latin, les pratiques auxquelles se livraient ceux qu'on appelait les *parfaits* ou les *élus,* au rang desquels il faut dire que saint Augustin n'a jamais été admis, et dont il n'a connu plus tard les abominations que par ceux qu'il eut le bonheur de convertir.

Cette secte, qui se proclamait la fleur du christianisme par sa sainteté et par ses lumières, attirait la jeunesse des écoles en affichant au dehors une grande austérité de mœurs, dont elle se dédommageait en secret, en critiquant la foi aux mystères que les catholiques commencent par imposer, et en promettant aux adeptes de leur expliquer toutes les difficultés. Mais, en réalité, ils ne les payaient que de paroles sonores qui suffisaient pour étourdir les jeunes intelligences incapables d'aller jusqu'au fond et habituées à cette monnaie dans leurs écoles. Que n'explique-t-on pas avec les mots : lumière, progrès, indépendance et émancipation de la raison? C'est toujours la même chose : les mêmes piéges et les mêmes dupes.

Assurément, sainte Monique ne connaissait le manichéisme que de nom; mais pour cette âme vraiment catholique, c'était une erreur impardonnable dès que c'était une hérésie. D'ailleurs n'avait-elle pas vu les Donatistes.

A cette nouvelle, cette grande chrétienne fut plus attérée que si elle avait vu son fils tomber mort à ses pieds. C'est alors qu'elle pleura! Elle le pleura *plus amèrement,* dit son fils, *que les autres mères n'ont coutume de pleurer la mort temporelle de leurs enfants.* Ses larmes coulaient avec une telle abondance, qu'elles mouillaient la place où elle s'était prosternée pour prier. Cette circonstance avait produit une telle impression sur son fils, qu'il y revient souvent dans ses *Confessions.* Qu'on se le figure seul, lorsqu'il rencontrait ces places encore humides, s'arrêtant à les contempler, en se disant tout bas : C'est pour moi! c'est sur moi !

L'horreur fut si grande que, malgré l'amour maternel qui ne fit que croître, sainte Monique ne permit pas au manichéen de manger à la table de la catholique; elle le fit servir à part. Augustin se soumit; le génie du philosophe fléchit devant le génie de la mère. Elle ne revint sur cette détermination qu'après avoir obtenu du ciel la promesse de la conversion de ce fils tant pleuré. Mais laissons saint Augustin faire l'histoire de sa mère, ou plutôt remercier des grâces qui lui avaient été accordées par elle.

« Les larmes de ma mère, votre sainte servante, vous ont « ému, ô mon Dieu, car elle en versait de plus abondantes « que les femmes qui ont vu périr leur enfant. » Une mère qui n'est pas plus affligée de voir son fils dans le péché mortel que dans le cercueil, n'est ni digne d'obtenir sa guérison de Dieu, ni capable d'y travailler avec l'ardeur qui doit finir par le triomphe.

« Elle me voyait mort, par la foi qu'elle avait en vous. » Et c'est parce qu'elle le voyait mort qu'elle le traitait comme un mort. Elle le sépara de sa table, non par dureté, elle fondait en larmes, mais par horreur de son état. « C'est « pourquoi vous avez eu pitié d'elle ! » Comment n'avoir point compassion d'une telle douleur !

Mais elle ne se contenta pas de pleurer : elle pria. « Vous « avez écouté sa prière, divin Sauveur ; vous n'avez pas re-« poussé ses pleurs qui arrosaient la terre sous ses pas par-« tout où elle priait. » Comment ne pas écouter une prière si éloquente ! Comme pour le sang d'Abel, la terre qui avait bu les larmes de Monique criait vers Dieu, et sa voix montait jusqu'aux cieux.

Aussi « vous l'avez exaucée. D'où pouvait, je le demande, « ô mon Dieu, d'où pouvait lui venir ce songe qui la con-« sola et lui fit retracter l'ordre qui m'avait éloigné de sa « présence et de sa table, alors qu'elle avait en horreur « mes blasphèmes et ma chute ? Elle se vit sur une règle

« en bois ; un jeune homme se présenta à elle, brillant,
« joyeux et lui souriant. Et cependant elle était triste et
« pleurait. Ce jeune homme lui demande la cause de ses
« chagrins et de ses larmes sans cesse renaissantes, non
« pour s'instruire, mais pour l'instruire elle-même, comme
« c'est la coutume. Elle lui répondit qu'elle pleurait ma
« perte. Alors il lui dit : Consolez-vous ! tournez les yeux
« ét regardez : *Il est où vous êtes*. Ma mère se retourna et
« me vit à côté d'elle sur la même règle. »

Cette apparition céleste lui inspira le sentiment de la
plus vive espérance, et au moment elle en fit part à son fils
qu'elle admit à partager ses repas. Dès ce moment, elle le
traita de la manière la plus affectueuse ; elle comprit sans
doute que ce cher enfant avait été trop éloigné d'elle
pendant ses longues études et elle tendit à ranimer son
cœur en le réchauffant près du sien.

Lorsque sainte Monique fit part à son fils de la promesse
que Dieu lui avait faite, une discussion s'engagea entre la
simple femme et le philosophe, où la victoire resta du côté
de la vertu, d'une manière si frappante que le grand
docteur ne put s'empêcher d'y voir l'inspiration divine.
« Et cette réponse soudaine qu'elle me fit, dit-il à Dieu,
« lorsque, après m'avoir raconté sa vision, elle vit mes
« efforts pour la convaincre qu'il fallait espérer qu'elle
« deviendrait un jour ce que j'étais moi-même : Non,
« s'écria-t-elle ! Non ! On ne m'a pas dit : *Vous êtes où il*
« *est !* Mais *il est où vous êtes !* Qui l'inspirait, ô mon
« Dieu ? Oui, je l'avoue, Seigneur, autant que je puis m'en

« souvenir et comme je l'ai dit bien des fois, cette répartie
« que vous avez dictée à ma mère qui vous écoutait sans
« se laisser troubler par mon interprétation si captieuse,
« cette promptitude avec laquelle elle vit ce qu'il fallait
« voir avant que je l'eusse vu moi-même, me frappa encore
« plus que le récit du songe qui devait causer une si
« grande joie à cette pieuse femme après tant d'années,
« et en attendant soutenir son inquiétude par l'espé-
« rance. »

Ce mot fut sans doute accompagné de cet éclair du
regard, de cette illumination du visage, qui porte le cachet
de la grâce et de la divinité. Est-ce que l'amour maternel, quand il est porté à ce degré de pureté, n'est pas une
sorte d'inspiration divine, surtout quand il parle à un
enfant coupable! Quel ascendant sainte Monique prenait
ainsi sur l'esprit et le cœur d'Augustin! Il ne dira plus
qu'elle marche d'un pas trop lent dans l'ensemble de ses
devoirs : à partir de ce moment, malgré ses résistances,
il verra dans sa mère, comme l'ange de Dieu qui le pour-
suit d'une manière irrésistible. Il sera tellement convaincu de sa puissance sur le cœur de Dieu, qu'il la priera
souvent de consulter le ciel pour lui. Courage! Courage!!!
ô mère, tu vaincras!

Après Dieu, sainte Monique n'oublie pas les hommes.
Elle pria un saint évêque qui trouva que le temps n'était
pas encore venu de chercher à éclairer son fils par la
discussion, tout en l'assurant que son fils se convertirait
un jour. Voici comment saint Augustin raconte : « Un

« jour, Seigneur, vous lui avez donné une nouvelle con-
« fiance, par la bouche d'un de vos ministres. C'était un
« vénérable évêque nourri dans votre Église et rempli de
« la science de vos livres saints. Ma bonne mère le priait
« d'avoir quelques entretiens avec moi pour dissiper mon
« erreur et me faire désapprendre le mal en m'apprenant
« le bien, comme elle le faisait, autant qu'elle le pouvait,
« à tous ceux qu'elle croyait capable d'opérer cette con-
« version. Il refusa, et ce fut par prudence, comme je m'en
« suis aperçu plus tard. Il répondit que je n'étais point
« encore capable d'être instruit, parce que j'étais trop
« enthousiasmé de la nouveauté de cette hérésie, et de la
« subtilité de quelques questions captieuses que j'avais
« faites à des catholiques peu instruits, comme elle
« le lui racontait. Laissez-le faire, ajouta-t-il, seule-
« ment priez Dieu pour lui : la lecture des ouvrages qu'il
« a, suffira pour lui ouvrir les yeux sur son erreur et sur
« son impiété.

« Il lui raconta en même temps que sa mère à lui séduite
« par les folies des Manichéens, l'avait tout jeune encore
« confié à ces imposteurs. Ainsi il avait non-seulement lu
« presque tous leurs ouvrages, mais il en avait copié une
« bonne partie. C'est alors qu'il avait vu, et cela par lui-
« même, sans aucun secours étranger, le vide et la fausseté
« de cette secte, à laquelle il avait aussitôt renoncé.

« Comme ces paroles ne suffirent point pour rassurer
« ma mère, elle insista de nouveau et lui dit, les larmes
« aux yeux : Voyez-le ! causez avec lui ! Alors cet évêque,

« fatigué de ses instances, lui dit : Laissez-moi, et con-
« tinuez à vivre comme vous faites. Il est impossible que
« le fils de tant de larmes périsse. Ce mot fut pour elle,
« ainsi qu'elle me l'a souvent répété dans ses conversations,
« comme un oracle descendu du ciel. »

Que de leçons pour les mères des pécheurs ! Sainte
Monique avait raison de s'adresser à tous les hommes
instruits, et c'est par cette voie que nous la verrons réussir
à Milan. Cette visite fut loin d'être inutile. Quelle impression salutaire ne ressentit pas saint Augustin d'apprendre
que ce saint évêque, autrefois manichéen comme lui,
n'avait eu besoin pour se convertir que du vide réel des
écrits si sonores de ces prétendus docteurs ! N'est-ce point
là ce qui le porta si fort à presser les ÉLUS (1) sur le sens de
certains passages et la portée de tant d'affirmations ? Le
meilleur moyen de vaincre les esprits subtiles comme saint
Augustin, n'est pas d'essayer de répondre à leurs objections, sur lesquelles ils sont inépuisables. C'est de leur en
faire à eux-mêmes et de les porter à sonder les contradic-
tions et les impossibilités qui se trouvent dans leur doctrine
positive. C'est le grand talent de saint Augustin dans ses
polémiques.

Autre fruit de cette visite : sainte Monique apprit qu'elle
était dans la bonne voie, et qu'il était impossible qu'elle
ne réussît point pourvu qu'elle y persévérât. Quel trait de
lumière !

(1) Il s'agit ici du manichéisme.

Mais, dira-t-on, pourquoi ce saint évêque refusa-t-il de voir saint Augustin, qui cependant fut converti par saint Ambroise? Si le premier eut raison, comment le second n'eut-il pas tort? Et si le second n'eut pas tort, comment saint Augustin reconnaît-il que le premier eut raison?

C'est que dans les deux circonstances l'état d'Augustin était bien différent, et les deux saints évêques le comprirent tous les deux; le premier eût accepté à la place du second et le second se fût tu à la place du premier, d'après ce principe qu'il y a un temps pour parler et l'autre pour se taire. Tout enthousiasmé de ses idées et ne pensant qu'à faire des prosélytes et à montrer son talent, le jeune adepte n'eût fait que des objections, sautillant de questions captieuses en questions captieuses, souvent insolubles et toujours pleines d'obscurités. L'embarras du docteur de la vérité qui, dans une simple causerie, n'eût pu rien approfondir, eût paru une victoire au brillant et présomptueux jeune homme, qui fût reparti, plus entêté que jamais.

C'était bien changé à Milan. Saint Augustin avait percé à jour les prétendus arguments des Manichéens et avait vu à nu le défaut de la cuirasse du célèbre Fauste, qui n'avait pu le désarmer qu'en avouant son impuissance. Il avait également touché du doigt le vide des grandes philosophies de la Grèce, qu'il avait toutes sondées et reje- tées comme incapables de le satisfaire. Il ne lui restait que le catholicisme tant décrié par ses anciens amis, comme incapable de contenir la vérité. Après cette battue uni- verselle de tous les recoins de l'esprit humain, la vérité ne pouvait être que là, ou elle n'était nulle part. Alors il fallait se laisser tomber dans l'abîme du scepticisme, c'est-à-dire du désespoir. C'est à ce dernier moment qu'apparaîtra l'autre évêque, comme un ange descendu du ciel pour sauver la victime.

Il fallait non-seulement deux saints, mais deux grands hommes pour comprendre la différence de ces deux situations Sainte Monique les rencontra et, ce qui est plus étonnant, les crut.

Voilà la lutte engagée! Toute à son amour maternel, sainte Monique a mis dans ses intérêts le ciel par sa sainteté, la terre par son zèle, l'un et l'autre par ses larmes. Absente comme présente, à tout moment et partout, par elle, par Dieu, par les saints, elle va environner son malheureux fils de tous les liens de l'amour, de la grâce et de la science, jusqu'à ce qu'il vienne se jeter dans ses bras pour lui dire : Je suis vaincu, je me rends, je serai désormais tout à Dieu et tout à vous. C'est dans cette poursuite de quatorze ans qu'il nous reste à la suivre.

CHAPITRE II.

PATIENCE DE SAINTE MONIQUE POUR ATTENDRE

LE MOMENT DE LA GRACE.

Pendant que la mère pleurait, se sanctifiait, faisait des bonnes œuvres, priait Dieu et tous les hommes éminents par leur science et leur vertu pour ramener la brebis égarée, que faisait le fils? Il s'éloigna de plus en plus pendant les dix premières années, au point que tout semblait tourner contre les efforts de sainte Monique. Le malheureux Augustin ne sortait d'une erreur que pour se jeter dans une autre plus profonde et finir enfin par douter de la vérité elle-même ; dernier degré de l'abîme d'où il se relèvera peu à peu jusqu'au plus haut sommet de la lumière.

Pendant cette longue période on ne sait lequel admirer le plus, ou de la patience infatigable de la mère, qui ne cesse pas un moment d'espérer et d'agir, poursuivant cet infortuné de Thagaste à Carthage, et de Carthage à Milan, et sur terre et sur mer, ou de l'obstination d'Augustin à chercher la vérité loin du catholicisme, partout où elle n'était pas.

Comment sainte Monique n'a-t-elle pas fini par désespérer? Comment n'a-t-elle pas été rebutée de tant de fatigues et de sacrifices? Comment n'a-t-elle pas fini par s'irriter contre la Providence elle-même qui semblait prendre à tâche de déjouer tous ses efforts? Cette longue période est évidemment dominée par cette action surnaturelle qui commence par pousser à bout tout ce qui est humain, pour ne commencer à tout accorder que lorsque tout semble perdu, afin qu'on ne se glorifie qu'en Dieu, sans perdre de vue un seul moment et exaucer les prières qu'on lui adresse. C'est toujours la grande marche du sacrifice d'Abraham, où Dieu ne se montre que lorsque tout paraît perdu, et où cependant tout le mérite est d'espérer contre toute espérance.

Suivons le fils et la mère dans ces deux voies parallèles au bout desquelles le premier arrive à douter de la vérité et la seconde à la tentation du découragement. Commençons par saint Augustin.

Le fils de sainte Monique était ce qu'on peut appeler un esprit fort, dans toute l'étendue du mot. C'est peut-être l'ami le plus passionné de la vérité et de la grandeur que la terre ait porté. S'il s'égara si longtemps dans la recherche de la vérité, c'est qu'il fut d'abord aveuglé, nous l'avons vu, et par une instruction mal dirigée, et par des passions contre lesquelles on ne l'avait pas assez armé. Puis, les hommes pervers entre les mains desquels il était tombé d'abord, avaient eu l'infernale habileté de lui persuader qu'elle pouvait se trouver partout plutôt que chez les catholiques. Au reste, rien d'intéressant comme de le suivre dans cette admirable recherche du vrai à travers toutes les erreurs que l'esprit humain peut avoir à traverser.

Dès son âge de dix-sept ans il fut arraché à son amour des phrases pour les phrases, de l'art pour l'art, comme on dit aujourd'hui, par la lecture de l'*Hortensius* de Cicéron, ouvrage perdu de nos jours, dont le but était d'exhorter à la vertu. L'impression fut immense. A partir de ce moment il se mit à la recherche de la vérité.

Comme il n'avait point reçu d'instruction religieuse, il voulut s'instruire en lisant la Bible. Il n'y comprit rien et fut rebuté par la simplicité du style.

Il sentit qu'il avait besoin de guide. Les Manichéens étaient alors à la mode dans la jeunesse des écoles qu'ils réduisaient par l'affectation du beau style et l'exaltation des droits de la raison. Ils s'indignaient de voir les catholiques imposer la foi et promettaient à leurs adeptes de leur expliquer tous les mystères. Il n'en fallut pas d'autres pour attirer saint Augustin qui entra ainsi dans la longue carrière de toutes les erreurs.

Il devint d'abord manichéen ardent, fit beaucoup de prosélytes parmi ses amis et ses admirateurs, qu'il eut le bonheur de ramener plus tard à la vérité et dont un certain nombre furent prêtres et évêques comme lui.

Mais saint Augustin n'était pas homme à se payer de paroles. Les problèmes se posèrent devant lui. Il en demanda la solution qu'on ne put lui donner. On eut la ressource de lui vanter des personnages qu'on disait initiés à tout et qui répondraient à ses difficultés, si par malheur ils n'étaient pas au loin.

Saint Augustin patienta; mais la patience a ses limites.

Il en vit un qui ne répondit à rien. Mais lui dit-on : ce n'est pas Fauste! si Fauste était là, c'est lui qui vous lèverait les difficultés. Enfin Fauste vint qui n'en savait pas plus que les autres, malgré son beau langage.

Malheureusement Fauste était un grand homme malgré ses erreurs, et lorsqu'il se vit en face d'un génie comme Augustin, au lieu d'essayer de le payer de paroles, il avoua franchement qu'il était incapable de lui donner les solutions qu'il réclamait. Cette franchise, qui eut révolté un homme médiocre, toucha saint Augustin qui cessa de le presser et se mit à faire de la littérature avec lui pendant son séjour à Carthage au lieu de philosophie religieuse. Mais le prestige était perdu. Bientôt saint Augustin qui, pour avoir des faiblesses, n'en était pas moins sévère sur la morale, lorsqu'il n'était pas avec des écoliers, s'aperçut de l'irrégularité de la conduite des plus vantés de la secte, à Carthage d'abord, puis à Rome, où il eut le bonheur de loger chez un manichéen à qui on l'avait recommandé et qu'il put juger en le voyant de si près. Alors le mépris succéda au désillusionnement et tout fut fini pour cette erreur-là.

Mais lorsqu'on est une fois sorti de la véritable route, il est difficile d'y rentrer, surtout si on a eu le malheur de se persuader qu'elle n'est pas la bonne. Un magicien célèbre étant venu lui offrir ses services et ses secrets pour lui faire remporter un prix d'éloquence dans un concours, cette science occulte et qui ne peut consister que dans l'intervention de l'enfer, révolta sa dignité d'homme. C'est la seule erreur où il n'ait pas donné, mais l'astrologie judiciaire faisait alors fureur. Comme elle semblait reposer sur l'astronomie, science pleine de grandeur, elle sollicita l'esprit curieux du voyageur de la vérité. Comme cette âme ardente faisait tout avec passion, il se jeta dans cette étude avec une ardeur incroyable. Mais il fut éclairé par son bon sens et les avis pleins de sagesse d'un médecin qui avait étudié à fond cette prétendue doctrine pour en donner des leçons.

Après ces premières recherches infructueuses, pour ainsi dire, autour de lui, ce grand génie aborda l'étude des différentes philosophies païennes de l'Italie, de la Grèce, de l'Égypte et de l'antiquité qui avaient jeté un si vif éclat, depuis l'épicureisme jusqu'aux dogmes des platoniciens. Il pencha quelque temps vers le sensualisme d'Épicure, qui bientôt le révolta par son matérialisme et la négation de l'immortalité. Il finit par les académiciens et les pirrhoniens, c'est-à-dire par le doute universel. C'était le suicide de la raison. C'est sur le bord de cet abîme que le trouvera sainte Monique, à Milan, juste au moment marqué par la Providence.

En même temps que l esprit de saint Augustin s'éloignait de la région de la vérité, son cœur et même son corps s'éloignaient de sainte Monique. Après avoir en vain essayé de l'attirer au manichéisme, il quitta Thagaste pour Carthage, où il devait trouver un plus vaste théâtre à son génie, mais aussi où ses passions devaient avoir plus de sollicitations.

Pendant les dix ans qu'il y passa, que fit Monique?

Quoique l'histoire ne le dise pas, il semble évident qu'elle le suivit dans la capitale de l'Afrique. Autrement, pourquoi dirait-il que sa mère l'avait autant qu'elle pouvait près d'elle à partir du moment où le Ciel lui avait laissé espérer la conversion tant désirée, puisque le départ d'Augustin dut suivre de très-près cette révélation? D'ailleurs comment sainte Monique se serait-elle trouvée au départ de son fils pour l'Italie, qui dut, d'après Tillemont, avoir lieu dans le port de Carthage, si sa mère qu'il déclare avoir alors voulu éviter, n'avait pas été habituellement près de lui? Le séjour de Carthage était d'autant plus facile pour sainte Monique que son fils avait à sa disposition la maison de Romanien, où sa mère pouvait habiter avec lui? C'est sans doute dans ce laps de temps que sainte Monique supplia le saint évêque dont nous avons déjà parlé, d'avoir des entretiens avec son fils. Cet évêque ne pouvait être totalement étranger; sainte Monique n'eût osé l'aborder. Il ne pouvait être de Thagaste, autrement il n'eût pas voulu la refuser aussi absolument et il n'eût pas eu besoin que sainte Monique lui fît connaître son fils. Ce devait être l'évêque de Carthage.

Que sainte Monique dut souffrir pendant ces dix ans! Mais elle n'était qu'au début de ses douleurs. Saint Augustin peut seul peindre les angoisses de sa mère lorsqu'il la quitta pour Rome. Laissons-le donc confesser sa faute et dire son repentir : « Ma mère, dit-il, pleura mon départ « d'une manière atroce, *atrociter planxit*. Elle me suivit « jusqu'à la mer, me tenant violemment, ou pour me rete-

« nir ou pour m'accompagner. Mais je la trompai. Je
« feignis que je ne voulais pas abandonner un ami jusqu'à
« ce que le vent lui permît de partir. Je mentais à ma mère
« et à une telle mère! Et cependant j'échappais aux dan-
« gers de la mer, parce que vous m'avez miséricordieuse-
« ment pardonné cette faute, sauvant des eaux de la mer
« un misérable rempli d'exécrables souillures, jusqu'à ce
« que je fusse purifié par le baptême et que je séchasse les
« torrents de larmes qui coulaient des yeux de ma mère et
« mouillaient tous les jours la terre. Comme elle refusait
« de s'en retourner sans moi, j'eus bien du mal à lui per-
« suader de passer la nuit dans un lieu voisin de mon
« navire, consacré à la mémoire du bienheureux Cyprien,
« et je partis en secret à la faveur des ténèbres pendant
« qu'elle priait et pleurait pour moi.» Pauvre mère, si tu
lisais les confessions de ton fils, comme tu serais attendrie!

Mais pourquoi interrompre le grand pénitent? « Que
« vous demandait ma mère par ses sanglots, ô mon Dieu,
« si ce n'est de ne pas me laisser embarquer? Mais dans la
« profondeur de vos desseins, vous exauçâtes le fond de
« tous ses vœux, et si vous n'eûtes point égard à la demande
« présente, ce fut pour espérer ce qu'elle ne cessait de vous
« demander.

« Le vent, s'étant levé, enfla nos voiles et déroba bientôt
« à nos yeux ce rivage où, dès le matin, ma mère égarée
« par sa douleur, faisait retentir à vos oreilles des plaintes
« et des gemissements auxquels vous étiez insensible,

« parce que vous m'arrachiez à mes passions par mes pas-
« sions elles-mêmes. »

La douleur de sainte Monique alla si loin que son fils y
voit la dernière des faiblesses qu'il ait remarquée en elle.
« Vous vouliez, Seigneur, ajoute-t-il, lui infliger, par une
« juste douleur, la punition des regrets trop charnels que
« lui inspirait mon départ. Car elle aimait à me voir près
« d'elle, à la manière de toutes les mères, et bien plus
« encore que beaucoup d'elles. Elle ignorait quelle abon-
« dance de joie vous lui prépariez par mon absence. »

Mais bientôt la vertu reprit le dessus. « Après m'avoir
« accusé de perfidie et de cruauté, elle en revint de nou-
« veau à vous prier pour moi. » Pauvre mère! Si saint
Augustin ne périt point au fond des flots, il n'échappa point
à la main paternelle de Dieu qui ne le frappait que pour le
sauver. « En arrivant à Rome, continue-t-il, je fus châtié
« par une maladie temporelle, et je descendais aux enfers
« portant tous les maux que j'avais commis contre vous, ô
« mon Dieu, contre moi et contre les autres, fautes graves
« nombreuses, sans parler du péché originel par lequel
« nous mourons tous en Adam... Où serais-je allé, si alors
« j'avais quitté cette terre, si ce n'est dans le feu et les
« tourments que mes crimes méritaient selon la vérité de
« votre Providence? »

« Hélas! ma mère ignorait ma maladie, et cependant
« elle priait pour moi quoique absente. Mais vous, ô mon
« Dieu, qui êtes présent partout, vous l'exauciez où elle
« était, et vous aviez compassion de moi où j'étais. Je ne

« désirais pas même le baptême dans cette extrémité.
« J'étais plus mauvais que dans mon enfance où je l'avais
« demandé à la piété de ma mère. Mais je n'avais grandi
« que pour ma honte; et dans ma folie je me moquais de
« la sagesse de vos remèdes. Et cependant vous ne m'avez
« pas abandonné à ma double mort.

« Si ma mère eût reçu cette blessure, jamais elle n'en
« eût guéri! Car je ne puis assez dire qu'elle était son
« affection pour moi, et combien elle mettait plus d'amour
« à l'enfantement de mon âme, qu'elle n'en avait mis
« pour celui de mon corps. Non, je ne sais pas comment
« elle se fût guérie si la nouvelle de ma mort dans de
« telles circonstances eût transpercé les entrailles de son
« amour. Et où seraient allées tant et de si ferventes
« prières qui ne s'adressaient qu'à vous? Est-ce que vous
« auriez pu, ô Dieu de miséricorde, mépriser le cœur con-
« trit et humilié de votre veuve chaste, sobre, faisant tant
« d'aumônes, en un mot pratiquant toutes les vertus.
« Quoi, vous qui vous étiez plu à la former ainsi, pouviez-
« vous mépriser et repousser de votre secours ces larmes
« par lesquelles elle vous demandait, non l'or et l'argent,
« ni rien de fragile et de périssable, mais le salut de
« l'âme de son fils? Non, Seigneur! Au contraire, vous
« l'écoutiez, vous l'exauciez, ce que vous aviez résolu dans
« l'ordre de nos desseins..... Vous m'avez donc guéri de
« cette maladie, et vous avez sauvé le fils de votre ser-
« vante. »

Il a bien raison saint Augustin. Ce n'était pas l'orgueilleux génie que Dieu sauvait, c'était le fils de sa servante Monique. Quel titre devant Dieu, que d'être le fils d'une bonne mère! Il peut être impie, corrompu, refusant et méprisant le baptême! Oui! Mais il est fils de Monique! Vous ne *pouvez* pas, Seigneur, le laisser périr! Elle attendra l'heure de vos desseins, mais il faut que vous convertissiez son fils avant qu'elle meure! Ou bien elle mourra de douleur! Que diront alors ceux qui ont vu ses larmes qui mouillent la terre, et toutes ses bonnes œuvres!

Saint Augustin était descendu à Rome, chez un Manichéen opulent, auquel les Manichéens de Carthage l'avaient recommandé, croyant ainsi retenir ce génie; ils ne firent que lui fournir l'occasion de les mieux connaître et par conséquent de pouvoir un jour les réfuter d'une manière plus victorieuse. Ses écoliers l'ayant bientôt dégoûté comme en Afrique, il accepta la chaire d'éloquence impériale de Milan; c'est là que sa mère devait le rejoindre l'année suivante, pour ne plus le quitter.

Revenons près de sainte Monique, à Thagaste, d'où ses bonnes œuvres et ses larmes arrêtent le glaive de la vengeance divine suspendu sur la tête de son fils, même sans le savoir.

Probablement qu'elle avait marié sa fille depuis longtemps. Comme elle n'avait plus que Navigius avec elle, elle se hâta de mettre ordre à ses affaires pour aller rejoindre son fils, sans se laisser effrayer par l'idée des périls de la mer, si redoutés des hommes eux-mêmes.

Voici comment saint Augustin raconte ce voyage mémorable et même miraculeux, comme la première lueur d'espérance au fond de l'abîme où enfin il commençait à se sentir tombé. « Déjà, dit-il, ma mère était venue me « retrouver, courageuse par sa piété, me poursuivant sur « terre et sur mer, rassurée contre les périls par sa con- « fiance en vous. C'était elle qui, au milieu des dangers « de la mer, rassurait les matelots qui ont coutume de « rassurer, au milieu du trouble, les passagers qui n'ont « pas l'expérience de la mer, leur promettant une heu- « reuse traversée, parce que vous la lui aviez promis dans « une révélation (1). »

Quel ascendant cet amour invincible, ce courage qu'ad- mirait même le marin, cette ardeur qui la faisait suivre son fils, sur terre et sur mer, va donner à sainte Monique sur l'esprit de son fils maintenant à bout d'illusion, près de tomber dans le désespoir!

La première entrevue de sainte Monique et de saint Augustin fut toute à l'avantage de la mère. « Elle me « trouva, il est vrai, dit son fils, très-exposé au désespoir « de pouvoir jamais arriver à la vérité. » Cependant il crut la surprendre agréablement par la bonne nouvelle de son éloignement définitif pour le manichéisme. « Mais « lorsque je lui eus dit que, quoique je ne fusse point « encore chrétien, je n'étais déjà plus manichéen, elle ne « tressaillit point de joie comme à la nouvelle d'un bon- « heur imprévu, quoiqu'elle se trouvât ainsi délivrée

(1) *Conf.* liv. VI, ch. 1.

« d'inquiétude sur la partie de ma misère qui l'avait tant
« fait pleurer, puisqu'elle me regardait comme un mort
« qui devait ressusciter sans doute, mais qu'elle portait
« dans son cœur comme dans un cercueil, en attendant
« qu'il vous plût de dire au fils de la veuve : *Jeune homme,*
« *c'est moi qui te le dit, lève-toi,* et de le rendre à sa mère
« après lui avoir rendu la vie et la parole.

« Son cœur n'éprouva donc aucun frémissement violent,
« lorsqu'elle apprit l'accomplissement d'une si grande
« partie de ce qu'elle demandait tous les jours avec tant
« d'instance, que j'étais arraché à l'erreur, quoique je
« n'eusse pas encore embrassé la vérité. Mais comme elle
« était certaine que vous lui accorderiez ce qui restait
« après avoir tout promis, elle me répondit, avec un cœur
« calme et plein de confiance, qu'elle croyait, sur la parole
« du Christ, qu'avant de sortir de cette vie elle me verrait
« fidèle catholique.

« Voilà comme elle me parla à moi ; mais devant vous,
« ô mon Dieu, source de miséricorde, elle répandit des
« larmes plus abondantes pour que vous vous hâtiez de me
« secourir et d'éclairer mes ténèbres ; et se hâta de courir
« avec un redoublement de zèle à l'église où elle était
« suspendue aux lèvres d'Ambroise, comme à la source
« d'eau jaillissant pour la vie éternelle (1). »

Qu'Augustin, malgré son génie, est petit avec son scepticisme devant sa mère qui a foi, sur la parole du Christ,

(1) Livre VI, c. I.

qu'avant de mourir elle le verra chrétien catholique!
Comme cette association de sa mort avec la résurrection
de son fils est touchante et noble! *Avant que je meure!*
Je ne vis que pour la conversion et je mourrai ensuite!
Telle est évidemment sa pensée, comme on le verra lors de
ses derniers moments. Voilà la mère!

Par une émotion saisissable pour Augustin! Pas un
mot de plus! Mais elle court verser des larmes plus abondantes devant Dieu; et ce pauvre sceptique va trouver la
place où sa mère prie, encore plus mouillée que de coutume; et il va voir cette âme transfigurée, suspendue aux
lèvres du docteur de Milan, comme à la source visible de
l'eau de la vie éternelle! Qu'il devait admirer l'attitude de
sa mère, toute rayonnante d'une céleste lumière! Qu'il
devait être jaloux de ce calme et de cette foi! La nature
semblait avoir totalement disparu dans cette transfiguration de la sainteté maternelle.

Saint Augustin fut évidemment d'autant plus frappé
qu'il avait été scandalisé, à son départ d'Afrique, de voir
que la nature avait eu trop de part à la douleur de sa mère.
Il émit même dans ses Confessions la pensée que Dieu la
punissait ainsi de l'excès de son affection naturelle pour son
enfant, comme on l'a vu. Mais à son arrivée à Milan, elle
lui montra, sans le savoir, la dignité, la sublimité où peut
arriver une mère, à force de souffrir, de pleurer et de
s'immoler pour le salut de son enfant.

CHAPITRE III.

Dès le moment de son arrivée, sainte Monique avait gagné deux points immenses : son fils s'était ouvert tout entier à elle, lui avouant avoir reconnu l'erreur des Manichéens et de toutes ses autres doctrines, au point d'être tombé dans le découragement; elle avait pris de là occasion de lui affirmer, sur la promesse de Jésus-Christ, sa conviction qu'elle le verrait catholique. Par là, elle s'était pour ainsi dire emparée de la direction intellectuelle d'Augustin. Nous sommes loin du temps où il voulait la rendre manichéenne.

Cette première victoire n'était qu'un commencement, et il n'y avait pas de temps à perdre. Malgré sa confiance, le découragement de son fils la jeta dans une inquiétude grave dont elle ne lui dit rien, mais qui la fit redoubler de ferveur. Elle courut donc à l'église verser ses larmes et ses prières.

Là, elle trouva saint Ambroise, le génie chrétien du siècle, moins par son talent littéraire que par sa dignité, qui lui permettait de parler aux empereurs comme au peuple, et de se faire des amis de tous ceux qu'il frappait. Merveilleuse destinée! Encore catéchumène, il se présente à l'église pour réprimer une sédition qui éclatait entre les Catholiques et les Ariens, à l'occasion de l'élection de l'évêque et, au lieu d'inspirer la terreur et l'horreur de l'autorité impériale qu'il représente, il se voit acclamé évêque par les deux partis, qui, malgré sa fuite, le poursuivent, le saisissent, et ne le mettent en liberté que sur la promesse de se laisser consacrer. Plus tard, c'est l'empereur Théodose qui se présente à l'église et s'en voit refuser l'entrée par le saint évêque, en punition d'un massacre qu'il avait commandé. Et ce potentat si violent, non-seulement obéit et se soumet à la pénitence, mais devient l'ami intime de celui qui a osé le traiter ainsi. Au moment, une cour arienne voulait le forcer dans le temple et, malgré son armée de prétoriens, elle respectait Ambroise qui chantait des hymnes et des psaumes, et faisait des homélies au peuple avec le même calme que dans la paix la plus profonde. C'était l'homme de Dieu par excellence. Comme l'Éternel, il ne s'étonnait de rien, et [comme Jésus-Christ, la victime, il pleurait avec les pécheurs ses pénitents.

Par une de ces heureuses coïncidences ménagées par Dieu, qui voulut environner son ministre de tout l'éclat de la véritable grandeur aux yeux de sainte Monique et de son fils pour lui donner plus d'influence, c'était le temps de la lutte célèbre que le saint Évêque eut à soutenir contre l'impératrice Justine. Voici d'abord comment saint Augustin rapporte les faits : « Un an au moins avant mon « baptême, Justine, mère de Valentinien, empereur en-

« fant, persécutait Ambroise, votre homme, ô mon Dieu,
« en faveur de l'hérésie à laquelle elle avait été gagnée par
« les Ariens. Le peuple pieux passait nuit et jour dans
« l'église, prêt à mourir avec l'évêque, votre serviteur;
« là, ma mère, votre servante, prenait la première part
« aux veilles et à la solitude et *vivait de prières*. Pour
« moi, quoique encore froid de la chaleur de votre esprit,
« je ne pouvais m'empêcher de prendre part à la stupeur
« et à l'agitation de la ville (1). »

A l'histoire de raconter les faits mémorables du double
soulèvement de Milan pour son saint évêque. Le biographe
de sainte Monique doit se contenter de ce qui rehaussait le
saint prélat aux yeux de la sainte et de son fils. Comme
saint Ambroise dut leur paraître grand lorsqu'à la demande
de livrer une église aux Ariens, il répondit, selon son historien, avec modestie et générosité : « Le temple de Dieu
« ne peut être livré par son prêtre. » Et quand l'eunuque
Calligo, préfet de la chambre impériale, lui fit dire de sa
part : « C'est sous moi que tu méprises Valentinien ! Je te
« coupe la tête », saint Ambroise lui envoya cette réponse
noble et vraiment épiscopale : « Que Dieu te permette
« d'accomplir ta menace; car moi je souffrirai en évêque;
« et toi tu agiras en eunuque (2)!... » Quelle grâce pour
une femme comme sainte Monique et un homme comme
Augustin d'assister à de tels événements et d'entendre de

______

(1) *Conf.*, liv. IX, ch. vii.

(2) Cité dans la *Vie de saint Ambroise*, tirée de ses écrits même.

telles paroles, et de pouvoir se mettre en rapport avec un tel évêque !

Mais il fallait quelque chose de plus illustre pour réprimer la rage d'une femme, surtout d'une femme impériale, dit saint Augustin. «Aussi, continue le grand docteur, à « cette même époque, vous révélâtes en songe à votre « digne évêque, ô mon Dieu, le lieu où étaient oubliés les « corps de Gervais et de Protais, que vous aviez défendus « de la corruption pendant de si longues années dans le « trésor de vos secrets (1). » Dans cette mémorable translation des saintes reliques, plusieurs miracles évidents s'opérèrent, entre autres la guérison d'un aveugle connu de toute la ville. Si l'esprit de l'impératrice ne s'ouvrit point à la foi, du moins sa fureur fut calmée et saint Augustin èt sa mère, témoins de ces merveilles, furent, l'une remplie de confiance en ce grand ami du ciel, et l'autre plus disposé à croire à la vérité de sa doctrine.

C'est ainsi que Dieu qui, selon saint Augustin, l'avait conduit à Milan pour le convertir par le ministère de saint Ambroise, lui présentait le saint évêque avec la triple couronne de l'éloquence sacrée, de l'héroïsme pontifical et de la sainteté du thaumaturge, afin de donner plus d'autorité à ses enseignements et à ses conseils.

Le génie maternel et le génie épiscopal se furent bientôt compris. Mais reprenons les choses de plus haut, et laissons parler saint Augustin sur cette partie si importante

____

(1) *Conf.*, liv. IX, ch. VI.

de la vie de sa mère : « Si ma mère, dit-il, parut joyeuse
« avec moi à son arrivée; devant vous, ô mon Dieu, source
« de la miséricorde, elle répandait des larmes et des
« prières avec plus d'abondance, afin que vous hâtiez votre
« secours et que vous illuminiez mes ténèbres. Elle cou-
« rait avec un empressement croissant à l'église où elle
« était suspendue aux lèvres d'Ambroise, source de l'eau
« qui jaillit pour la vie éternelle. »

Mais elle ne se contenta pas de cette ferveur. Bientôt elle
eut une entrevue avec saint Ambroise pour le consulter et
le faire entrer dans ses vues. Du premier coup, ces deux
grandes âmes, également embrasées de l'amour de Dieu,
se comprirent. Sainte Monique garda une reconnaissance
éternelle au grand évêque des avis qu'il lui donna. « Elle
« chérissait ce grand homme, dit saint Augustin, comme
« l'ange de Dieu, parce qu'il lui fit connaître que l'agita-
« tion et l'hésitation où j'étais étaient un état par où il me
« fallait passer de la maladie à la santé. » Selon ses prévi-
sions, c'était cette secousse périlleuse, que les médecins
appelle crise, et qui n'est que l'approche de la guérison.

C'est ainsi que le génie jugeait le génie. C'est ainsi également que les hommes, éclairés de l'esprit de Dieu et versés
dans la direction des âmes, prévoient de loin les effets dans
les causes qui en paraissent les plus éloignées.

Cet heureux augure, qui venait si bien confirmer les
promesses de Dieu et les espérances données par le saint
évêque d'Afrique, inspira une telle confiance à sainte Mo-

nique, qu'à partir de ce moment une parole de la bouche du grand docteur était un oracle pour elle.

Cette déférence se manifesta dans une occasion, petite en apparence, mais si louée par saint Augustin qu'elle doit renfermer une grande leçon et par conséquent mérite d'être rapportée. Les voyages des premiers chrétiens avaient donné naissance à un usage pieux d'abord, mais qui, hélas! comme les meilleures choses, avait dégénéré avec le temps en abus véritable. Dans les jours de fêtes, les chrétiens qui étaient dans l'aisance, portaient aux tombeaux des martyrs des provisions de bouche, qu'ils déposaient d'abord sur les pieuses dépouilles et offraient ensuite aux pauvres, pour un repas qu'ils partagaient avec eux. Cette coutume, inspirée dans le principe par la charité la plus pure, était devenue pour la multitude, toujours portée aux excès, l'occasion d'ivrogneries d'autant plus regrettables qu'elles se passaient dans le lieu saint, à la suite de l'office. Plus un abus est grand, surtout pour les boissons, plus le peuple s'y attache. Aussi l'Église éprouva-t-elle les plus grandes difficultés pour déraciner celui-là. On voit dans la vie de saint Augustin que le grand docteur ayant attaqué cet usage à Hippone, faillit provoquer une véritable émeute. Malgré sa popularité et la vénération attachée à son caractère et à sa personne, le peuple ne parla de rien moins que de le descendre violemment de la chaire, et il ne réussit qu'après une lutte terrible dont le succès fut quelque temps presque désespéré.

Déjà saint Ambroise, qui ne reculait devant rien, avait

aboli cet usage à Milan lorsque sainte Monique, qui l'ignorait, se présenta à la porte de la basilique avec une corbeille pleine de provisions, selon sa coutume en Afrique.
Mais le portier l'arrêta tout court, en lui disant que
l'évêque l'avait défendu. Laissons maintenant parler saint
Augustin : « Dès que ma mère apprit que l'évêque l'avait
« défendu, elle se soumit avec tant de piété et d'obéis-
« sance, que je ne pus m'empêcher de m'étonner avec
« quelle facilité elle se porta pour m'instruire de sa cou-
« tume plutôt que de critiquer la défense du pontife. C'est
« que le penchant à la boisson n'aveuglait point son
« esprit, et l'amour du vin ne la portait point à la haine
« de la vérité, comme un grand nombre d'hommes et de
« femmes qui montraient autant de dégoût pour les exhor-
« tations à la sobriété qu'un ivrogne pour l'eau pure.
« Ainsi, quand elle apportait sa corbeille pleine d'offrandes
« pour les distribuer, après toutefois en avoir goûté,
« comme pour faire honneur aux pauvres, elle ne prenait
« pour elle que très-peu de vin, et encore après l'avoir
« mélangé d'eau, de manière à ne pas offenser la sobriété
« la plus délicate, parce que son but était de satisfaire à
« sa piété et non à sa sensualité.

« Aussi lorsqu'elle eut appris que cet admirable prédi-
« cateur, ce pieux pontife avait interdit ces pratiques,
« même à ceux qui les accomplissaient sans manquer aux
« règles de la tempérance, pour ne point fournir aux autres
« l'occasion de se livrer à des excès, elle ne fit aucune dif-
« ficulté de s'en abstenir. Dès lors au lieu d'une corbeille

« remplie de fruits dé la terre, elle n'apporta plus au tom-
« beau des martyrs qu'un cœur rempli des vœux les plus
« purs, se réservant de distribuer ailleurs ce qu'elle pouvait
« donner aux pauvres.

« Mais il me semble, ô Seigneur mon Dieu, et tel est le
« sentiment que j'éprouve devant vous sur ce point, que ma
« mère n'eût peut-être pas renoncé aussi facilement à ces
« pratiques si elles lui eussent été interdites par une per-
« sonne moins chère à son cœur que ne l'était Ambroise,
« auquel elle portait une extrême affection, parce qu'elle le
« considérait comme l'instrument de mon salut. »

A cette réflexion on reconnaît celui qui éprouva, plus
tard, tant de résistance de la part des personnes pieuses
pour déraciner un abus si opposé à leur vocation. Cette
admiration de saint Augustin pour sa mère à cette occasion, cette difficulté qu'il a de croire qu'elle se fût soumise
sans murmure et en reconnaissant elle-même la justice
de la détermination, si elle n'avait point éprouvé une vénération personnelle pour saint Ambroise, est à ses yeux une
grave leçon pour les âmes pieuses. Jusqu'où ne peut pas
aller l'aveuglement de leur attachement pour des pratiques
dégénérées en abus les plus criants ! Quelles sont les conséquences de cette obstination ! Saint Augustin, l'ange de la
grâce, faillit être obligé de quitter son évêché pour avoir
contrarié leurs usages ! Supposons un moment qu'au lieu
de céder avec tant d'humilité, sainte Monique eût fait une
scène au portier de l'église de Milan ; saint Ambroise,
averti de ce scandale, n'eût pu avoir aucune confiance dans

cette étrangère obstinée. Plus alors d'audience! Plus de conseils! Saint Augustin était probablement perdu sans ressource et Monique n'eût pas manqué de s'en prendre à Dieu et aux hommes, tandis que son orgueil eût été la seule cause de tout le mal.

C'est par cet admirable union de la piété et de la déférence à tout ce qui venait de l'autorité, que sainte Monique se conciliait tous les cœurs, en particulier ses supérieurs ecclésiastiques. Aussi la vénération de saint Ambroise pour sainte Monique n'était-elle pas moins grande. « Ambroise, « de son côté, dit saint Augustin, payait ma mère de re- « tour : il l'aimait à cause de sa conduite pieuse, de son « zèle ardent pour les bonnes œuvres, et de son assiduité « à fréquenter l'église. »

Cette estime de saint Ambroise pour sainte Monique produisit les plus heureux résultats sur saint Augustin. « Il lui arrivait souvent, dit-il, quand il me voyait, d'é- « clater en éloges sur le compte de ma mère, me félicitant « d'avoir une telle mère, hélas! sans savoir quel était le « fils de cette sainte femme, car il ignorait que je doutais « de tout ce qui faisait l'objet de sa foi, et qu'il ne me « paraissait pas possible de trouver le chemin qui conduit « à la vie (1). »

Quelle influence l'admiration d'un homme comme saint Ambroise donnait à sainte Monique sur un fils comme saint Augustin! On voit qu'il est torturé de ne pas se sentir

____

(1) *Conf.*, liv. VI, c. xv-xvi.

digne d'une telle mère, et de ne pas mériter la même estime qu'elle, devant un si bon juge.

Voilà donc le concours de saint Ambroise assuré. C'était un grand point; mais les plus grandes difficultés se présentaient à l'intérieur du foyer domestique.

La maison d'Augustin à Milan offrait à sainte Monique un spectacle étrange; c'était un mélange de grandeur et de bassesse, de philosophie et d'immoralité, qui rendit la position de cette sainte et humble femme aussi délicate que difficile.

Il est impossible à un historien sérieux de cacher au lecteur que l'infortuné fils de Monique s'était laissé aveugler au point de vivre, selon les mœurs païennes, avec une personne, à laquelle du reste il était fidèle quoiqu'il ne l'eût pas épousée, et dont il eut un fils, Adéodat, d'un talent prodigieux, dont saint Augustin nous a laissé un ouvrage remarquable quoiqu'il soit mort trop jeune. Quelle situation pour une mère dont la pudeur était le caractère distinctif!

Sans bruit, et sans transiger sur les principes, Monique patienta d'abord, et bientôt obtint que cette malheureuse, qui d'ailleurs ne manquait point de mérite, fût renvoyée en Afrique, où elle se consacra à Dieu pour la fin de ses jours, sans doute par suite de ses conseils. Elle prépara ensuite l'établissement qu'elle se hâtait de ménager pour Augustin, qui ne pouvait encore se faire à l'idée de vivre dans la continence, quoiqu'elle dût faire ses délices plus tard. C'est à ces détails que l'on reconnaît l'influence d'une mère.

Il est touchant de voir l'énergie et la douleur amère

avec laquelle saint Augustin avoue la profondeur et la durée de la plaie que cette séparation laissa dans son âme. « Mon cœur, qui était attaché à cette femme, dit-il, resta « déchiré, broyé; il traînait du sang... Malheureux que « j'étais, je ne pus imiter le courage d'une femme. Je re- « tombai dans de nouveaux liens; mais je ne pus guérir « la plaie saignante de la première blessure. Seulement « après le feu de la fièvre et la vivacité de la douleur, la « plaie se corrompit. Plus froide, elle n'était que plus dé- « sespérée. Gloire à vous, ô source de miséricorde! A « mesure que mes larmes devenaient plus misérables, vous « vous approchiez de moi. Il n'y avait à me rappeler du « fond de l'abime des voluptés charnelles, que la crainte de « la mort et du jugement futur, qui jamais ne m'avait « abandonné au travers des différentes opinions des phi- « losophes. »

Qu'il fallut de bonté, de patience et de prudence à sainte Monique dans une telle crise!

D'un autre côté, le génie d'Augustin avait attaché autour de lui une pléïade d'hommes aussi distingués par leur richesse et par leur extraction que par leurs talents. C'était Romanien, son opulent concitoyen et son ami d'enfance; c'était Alype, riche parent de Romanien, autrefois livré au plaisir, alors philosophe chrétien, plus tard saint évêque, et un grand nombre d'autres, tous ses amis et ses admirateurs, mais, hélas! tous entraînés par lui dans le manichéisme, excepté Nebridius, dont l'invincible logique lui fut si utile pour le retirer de cette erreur.

Leur union était telle, qu'ils formèrent sérieusement le dessein de mener ensemble la vie rigoureusement commune, mettant tout ce qu'ils possédaient entre les mains de deux économes annuels chargés de pourvoir à l'administration générale et aux besoins de chacun. C'était comme le consulat de l'ancienne Rome appliqué à la vie domestique.

La société et la conversation de ces hommes, qui tous sont devenus des chrétiens distingués, presque tous prêtres et évêques, constituait une sorte d'académie au milieu de laquelle l'humble Monique devait se trouver déplacée. Mais une mère ne l'est jamais chez son fils dès qu'elle est ce qu'elle doit être, et Monique était le modèle des mères; aussi prit-elle si bien sa position au milieu de cette société d'élite qu'elle en fit les délices, l'édification et l'admiration avant et après le baptême d'Augustin. Mais laissons parler son fils : « Seigneur, dit-il à Dieu dans son admiration pour « sa mère, puisque vous me permettez de vous parler de « vos bienfaits, elle eut si bien soin de nous tous qui, « avant sa mort et après avoir reçu la grâce du baptême, « vivions en communauté, qu'on eût dit qu'elle nous eût « donné la vie à tous, et elle nous servait comme si elle « eût été notre enfant (1). » Se faire aimer comme une mère et être obligeante comme une enfant : voilà en deux mots le plus bel éloge de la dignité maternelle. Lorsqu'on pense que c'était au milieu de l'assemblée la plus distin-

_____
(1) *Conf.*, liv. IX, ch. ix.

guée de ce siècle, on se demande ce que devait être cette mère admirable. C'est le cas de dire, avec saint Augustin, qu'une telle mère est un don de Dieu, et l'un des plus grands. Qu'est-ce qui inspirait à Monique ce génie du cœur, qui la mettait à la hauteur de toutes les situations? L'amour maternel. Voilà le secret de la grandeur d'une mère.

CHAPITRE IV.

SAINTE MONIQUE MET SON FILS EN RAPPORT

AVEC SAINT. AMBROISE.

Ce sont les lèvres du prêtre qui sont les gardiennes de la science, dit l'Écriture, et c'est là qu'on doit aller la chercher. Voulez-vous vous convertir? Adressez-vous au prêtre. Voulez-vous convertir un pécheur? Consultez le prêtre et tâchez de mettre le pécheur en rapport avec lui. Telle est la grande règle à suivre.

A Milan, comme elle l'avait fait en Afrique, sainte Monique n'eut rien de plus pressé que de consulter saint Ambroise et de s'en rapporter à sa décision, lorsque ce grand médecin des âmes lui annonça que son fils offrait les symptômes d'une guérison prochaine.

Ce premier devoir rempli, elle aborde celui de mettre ce malade si tendrement aimé en rapport avec le médecin lui-même. Nous ignorons une grande partie de ce qu'elle fit pour réussir, si ce n'est qu'un jour, entre autres, elle chargea Augustin d'aller de sa part demander au saint évêque si elle était obligée de jeûner un certain samedi, selon la coutume d'Afrique, quoiqu'on ne le fit pas à Milan. Évidemment c'était un pieux artifice, puisqu'elle allait deux fois le jour à l'église.

Au reste les relations officielles avaient déjà mis en face

ces deux génies qui ont joué un si grand rôle dans l'Église. Le nouveau titulaire de la chaire impériale d'éloquence avait dû faire sa visite de *prise* de possession à l'illustre évêque de la capitale. La première impression fut heureuse. Voici comment saint Augustin en rend compte. « Arrivé à Milan, « je fis visite à l'évêque Ambroise, célèbre dans tous l'uni- « vers, comme l'un des personnages les plus éminents à « cette époque, et votre fidèle serviteur, ô mon Dieu. Son « éloquence dispensait alors au peuple avec une ardeur « infatigable le pur froment de votre vivifiante parole. « C'était vous qui, à mon insu, me conduisiez vers celui « qui devait m'ouvrir les yeux et me diriger vers vous. Cet « homme de Dieu m'accueillit avec une bonté paternelle, « et me témoigna à mon arrivée une charité vraiment « digne d'un évêque. Je me pris à l'aimer, non pas « comme un docteur de la vraie science, puisque j'avais « perdu tout espoir de la trouver dans votre Église, mais « comme un homme bienveillant à mon égard (1). »

La première visite à un personnage en possession de la renommée, expose à un grand désenchantement. Il est rare qu'un grand homme mérite toute sa gloire. Alors le prestige, qui ne vient que de l'éloignement, disparaît dès qu'on l'approche. Heureusement saint Ambroise était vraiment grand et par conséquent s'élevait à mesure qu'on s'avançait vers lui. Lorsqu'on était arrivé à ses pieds on éprouvait une sorte de fascination. Aussi saint Augustin

____

(1) *Conf.*, liv. V, chap. XIII.

l'aima-t-il dès qu'il le vit. On ne sait pas quelle impression saint Augustin produisit sur lui. Mais c'est une grande gloire pour sainte Monique d'avoir excité d'abord l'enthousiasme de saint Ambroise, au point qu'il ne pouvait aborder le fils sans le féliciter d'avoir une telle mère.

Saint Paul dit de lui-même qu'il prêchait en public et dans les maisons particulières : tel est le double apostolat du docteur où nous avons à étudier saint Ambroise dans la conversion du fils de Monique.

Saint Augustin d'abord seul, puis surtout avec sa mère, était assidu aux instructions publiques de saint Ambroise. « Je l'écoutais avec avidité lorsqu'il parlait devant le « peuple, dit saint Augustin, non pas que je lui prêtasse « cette attention que méritaient ses enseignements; mais « j'étudiais, pour ainsi dire, son éloquence. Curieux de « savoir si elle répondait à sa réputation, si elle était supé- « rieure ou inférieure à l'éloge qu'on en faisait, j'étais « suspendu à ses lèvres. Quant aux choses qu'il disait, « peu m'importait, je les méprisais (1). »

Le jugement fut favorable. « Je cédais avec délices au « charme de cette parole plus forte et plus solide que celle « de Fauste, quoiqu'elle eût moins de grâce et d'agrément « dans la diction. Du reste, quant aux pensées, il n'y avait « pas entre eux de comparaison possible : l'un se perdait « dans les rêveries mensongères des Manichéens, et l'autre

____
(1) *Conf.*, liv. V, chap. XIII.

« enseignait les saines doctrines qui conduisent au sa-
« lut (1). »

A partir de ce moment la résolution fut prise d'assister
aux sermons. C'était un point immense : la foi vient de
l'ouïe; la promesse est là. Sans doute les dispositions sont
toutes humaines, l'affection pour la personne, et l'estime
pour l'éloquence; mais Dieu se sert de tout pour préparer
à la vertu. La parole de Dieu est une massue qui peut
briser les rochers les plus durs, dès là qu'elle frappe toujours, surtout quand cette massue est dans une main
comme celle de saint Ambroise.

Le succès fut lent mais certain. « Assurément, dit le
« saint, *le salut est loin des pécheurs,* tels que je l'étais
« alors; cependant j'approchais peu à peu et sans le savoir.
« Bien que je désirasse apprendre non ce que disait l'ora-
« teur, mais la manière dont il le disait, puisqu'en per-
« dant l'espoir de découvrir la voie qui conduit l'homme
« à vous, ô mon Dieu, je n'avais conservé qu'une curiosité
« stérile, cependant les vérités que je négligeais entraient
« dans mon esprit avec les phrases qui me plaisaient.
« Et tandis que j'ouvrais mon cœur pour recevoir l'élo-
« quence avec laquelle il parlait, la vérité qu'il exprimait
« y entrait avec elle; mais par degrés. »

Quelle marche ascendante suivit la lumière pour s'em-
parer de cette grande âme! Rien n'est instructif comme la
manière dont saint Augustin caractérise ses différents

(1) *Conf.,* liv. V, chap. XIII.

progrès. Mais avant comprenons bien l'état de cette âme si noble, mais si dévoyée.

D'abord absence totale de prière. « Je ne gémissais « point encore, dit-il, en vous priant de me secourir, ô « mon Dieu. Mais mon esprit, uniquement occupé de ses « recherches, se perdait dans ses raisonnements (1). » Sans prière, impossible d'arriver à la foi, à moins d'un miracle, qu'on n'obtient jamais dès là qu'on le cherche sans suivre la voie légitime.

Et quelle exigence exagérée il portait dans ses raisonnements ! « Je défendais mon cœur, dit-il, contre tout « assentiment, dans la crainte de tomber dans le précipice « de l'erreur ; et cet état de doute me plongeait de plus « en plus dans la mort. Je voulais être aussi certain des « vérités que je n'ai pas sous les yeux, que je le suis que « sept et trois font dix. » Que d'esprits éminents en sont là de nos jours ! Comment ne comprend-on pas qu'exiger la rigueur mathématique dans la démonstration des vérités de l'ordre moral, c'est faire une faute énorme contre la logique dont la première règle est que chaque vérité se démontre par les preuves qui lui conviennent. On se met ainsi dans l'impossibilité de ne rien croire.

Tout entier à la vie des sens, saint Augustin ne pouvait se faire à l'idée d'un être immatériel, comme les Livres saints avec la vraie philosophie nous enseignent que Dieu doit être. « Mon esprit se représentait, dit-il (2), l'univers

(1) *Liv.* 1, chap. ii.
(2) *Liv.*, I, chap. ii.

« et tout ce qui est visible dans son étendue, la terre, la
« mer, l'air, les astres, les plantes, les animaux; et aussi
« tout ce qui est caché à nos yeux, le firmament et au-
« dessus, les anges et toutes les substances spirituelles,
« que mon imagination plaçait en de certains espaces,
« comme si elles eussent été des corps, comme une grande
« masse où je plaçais dans un certain ordre tous les êtres
« que vous avez créés, et ceux qui sont réellement corporels
« et ceux qui, quoique spirituels, étaient corporels dans
« mon imagination. L'étendue de cette masse, selon mes
« idées, non selon la réalité, n'était cependant pas infinie
« mais bornée de toutes parts, et vous, Seigneur, je vous
« considérais comme environnant de toutes parts et péné-
« trant cette masse, mais infini vous-même de toutes parts,
« comme on pourrait se représenter une mer infinie ou
« étendue, au sein de laquelle se trouverait une éponge
« d'une grosseur prodigieuse quoique finie dans ses
« dimensions. »

Ce serait une grande étude que de suivre la marche de ce
génie s'élevant de ces idées grossières jusqu'aux sublimes
conceptions sur la spiritualité de Dieu, qui se trouvent
dans son traité sur la Trinité et dans tant d'autres écrits;
mais tel n'est pas notre but.

Le fils de sainte Monique ne croyait pas même à la vertu.
« Ambroise, dit-il, ne me paraissait qu'un homme heu-
« reux selon le siècle, de se voir honoré par de si grandes
« puissances. Seulement le célibat me semblait lui devoir
« être bien à charge. Mais tout ce qu'il y avait d'espérance en

« son âme, tout ce qu'il avait à soutenir de combats contre
« les tentations nées du sein même de sa grandeur, tout
« ce qu'il trouvait de consolation dans l'adversité, tout ce que
« son cœur goûtait de joies secrètes et délicieuses, lorsqu'il
« savourait le pain de votre parole; je ne pouvais même le
« soupçonner, parce que je ne l'avais jamais éprouvé (1). »

Et cependant la vertu l'attirait. Il se faisait honte à lui-
même, et se persuadait que saint Ambroise ne le connaissait pas mieux qu'il ne le connaissait lui-même. « Il igno-
« rait, dit-il, les violentes agitations de mon âme, et le
« précipice qui menaçait de l'engloutir. Car je ne pouvais
« le consulter, comme j'aurais voulu le faire, séparé de
« lui par une foule de gens qui venaient l'importuner de
« leurs affaires et dont il soulageait les infirmités. Les
« courts instants qu'ils lui laissaient, il les employait à
« réparer ou les forces de son corps, par le peu d'aliments
« nécessaires, ou celles de l'âme par la lecture. Il m'arriva
« souvent qu'étant venu le visiter, comme tout le monde
« pouvait entrer chez lui sans se faire annoncer, je le
« trouvais lisant, sans remuer les lèvres. Je me tenais alors
« assis sans rien dire : Qui eût osé troubler une médita-
« tion si profonde? Puis je me retirais, persuadé que pen-
« dant les courts instants où il pouvait délasser son esprit,
« après le tracas de tant d'affaires étrangères, il serait
« contrarié d'être dérangé. De ce que je désirais savoir, je
« ne pouvais donc demander à ce cœur, qui était le sanc-

(1) *Conf.*, liv. VI, chap. III.

« tuaire de vos oracles, ô mon Dieu, que ce qui pouvait
« se traiter en peu de mots. Pour répandre dans son âme
« les agitations tumultueuses de la mienne, j'aurais eu
« besoin de le rencontrer dans un état de loisir absolu,
« ce qui n'arrivait jamais (1). »

A cet état général, joignez les préventions les plus in-
justes contre les catholiques, préventions amassées par
l'enseignement hérétique des Manichéens dont toute la
science consistait, comme celle de tous les sectaires, à prê-
ter aux catholiques des doctrines qu'ils n'ont point.

Le premier progrès de saint Augustin fut de se débar-
rasser de ces préventions qui tombèrent devant les homélies
de saint Ambroise, sur l'Écriture, et en particulier sur
l'Ancien Testament. « Je l'entendais tous les dimanches,
« dit saint Augustin, expliquer admirablement, devant le
« peuple, la parole de vérité ; et c'en fut assez pour me
« faire naître l'idée qu'il était possible que toutes les
« objections des Manichéens contre les Livres saints, ne
« fussent que des faussetés, des calomnies. »

Ce doute devint bientôt une conviction pour certains
points. « Quand j'eus découvert que vos enfants régénérés
« par votre grâce au sein de l'Église catholique, ne
« croyaient point et ne soutenaient point, en disant que
« vous avez fait l'homme à votre image, que vous soyez
« renfermé dans les bornes du corps humain, j'éprouvais
« un sentiment de joie, mêlée de la honte de m'être dé-

(1) *Conf.*, liv. VI, chap. III.

« chaîné pendant une si longue suite d'années, non contre
« la foi catholique, mais contre de noirs fantômes. »

« Je me réjouissais encore qu'on ne me proposât point
« la lecture de la loi et des prophètes sous le même point
« de vue qui m'y avait fait trouver des absurdités, lorsque
« je les décrivais, dans la conviction que vos saints les en-
« tendaient comme moi (1). »

Voici dans quel état la chute de ces objections mit saint
Augustin : « Lorsque j'eus entendu expliquer dans le sens
« spirituels la plupart des passages des Livres saints, je
« commençai à me reprocher mon désespoir, dit-il, mais
« en tant seulement que j'avais cru, à tort, à l'impossibi-
« lité de soutenir la loi et les prophètes contre les attaques
« sérieuses et les railleries. Mais je n'en concluais point
« qu'il me fallût par là même entrer dans la voie catho-
« lique et abandonner celle que j'avais embrassée. En un
« mot, si la foi catholique ne m'apparaissait plus vaincue,
« elle ne me semblait pas encore victorieuse (2). »

Ce premier pas fait, « j'appliquai toutes les forces de
« mon esprit, continue saint Augustin, à voir si j'avais
« des arguments victorieux contre le manichéisme. Si
« j'avais pu alors concevoir une substance spirituelle, tous
« ces fantômes matériels dont mon esprit était assiégé se
« seraient à l'instant même évanouis (3). »

(1) Liv. VI, ch. IV.
(2) Liv. V, ch. XIV.
(3) *Ibid.*

Mais un argument, qui lui avait été fourni par son ami Nébridius, qui lui paraissait infaillible puisqu'il n'avait pu autrefois le renverser, lui suffit alors (1), avec la pensée que même les philosophes païens avaient une doctrine plus plausible sur la nature. Alors, tout en restant dans le doute, « je pris, dit-il, le parti de demeurer au nombre des caté- « chumènes de l'Église catholique, dont mes parents m'a- « vaient inspiré l'amour, jusqu'au moment où viendrait « briller une lumière plus certaine, à la faveur de laquelle « je pusse diriger mes pas (2). » Tel est l'état où le trouva sainte Monique à son arrivée.

Lorsqu'on voit la prudence, ce n'est pas assez, la dé- fiance avec laquelle ce grand génie s'avance vers le catho- licisme, l'énergie avec laquelle il défend chacun des postes de l'erreur avant de l'abandonner en face de la vérité, on peut bien dire que la conversion de saint Augustin est une preuve éclatante de la divinité de la religion.

Restait un pas à faire, celui qui sépare les catholiques de tous les hérétiques, le passage de l'examen privé dans le giron de la foi. Voici comment ce grand génie exprime cette vérité et les maladies de son esprit à cet égard. « C'est « la foi qui pouvait me guérir, dit-il, en purifiant la péné- « tration de mon esprit, et le dirigeant en quelque sorte « vers votre vérité, ô mon Dieu, toujours parfaite et im- « muable. Mais, comme il arrive d'ordinaire que celui qui

(1) Liv. VII, ch. II.
(2) Liv. V, ch. XIV.

« a fait l'épreuve d'un ignorant médecin n'ose plus se fier
« même à un bon, pour les maladies de mon âme, que la
« foi seule pouvait guérir, je me refusai à employer les
« remèdes propres à obtenir ce résultat, dans la crainte de
« me laisser surprendre par de fausses croyances. Je vous
« résistais à vous-même, ô mon Dieu, dont les mains ont
« préparé les remèdes de la foi pour les répandre par
« toute la terre, après leur avoir donné tant d'efficacité
« pour la guérison du genre humain (1). »

Quelle profondeur de vue dans ce passage que l'auteur a développé dans le traité du *Bonheur de commencer par croire,* et notez qu'il entend croire à l'Église !

C'est ici évidemment que commencent les effets de ces conférences avec saint Ambroise, que le fils de sainte Monique trouvait trop courtes. L'ancien manichéen habitué aux longues dissertations des sectaires qui égaraient leurs adeptes par leurs longs discours, promettant de tout expliquer et embrouillent tout, le grand professeur s'attendait à de longs entretiens. Quel fut son étonnement de recevoir une solution en quelques mots ! Et quelle solution !

Évidemment la voici : Je ne puis répondre à vos objections parce qu'elle reposent sur la nature de Dieu, de l'homme et de leurs rapports et que je ne comprends ni l'un ni l'autre, ni vous non plus, ni personne. C'est une affaire de foi. Voyez si la divinité de Notre-Seigneur Jésus-Christ et de l'Église catholique, son interprète, vous parais-

(1) *Conf.*, liv. VI, ch. IV.

sent suffisamment prouvées, alors admettez ces mystères sur leur parole, sinon la solution de vos objections n'avancerait à rien, puisque cette grande vérité qui entraîne toutes les autres resterait toujours à prouver, et qu'une fois démontrée elle entraîne la solution de toutes les difficultés. Une vérité prouvée par une seule démonstration, ne se renverse point par les objections même insolubles. L'impuissance d'y répondre prouve non l'erreur, mais les limites de la raison; qui ne voit la fin du rayon, ignore par conséquent le point lumineux où toutes les vérités convergent et se concilient.

Cette manière de traiter choqua d'abord les préjugés de saint Augustin : « Toutefois je sentais qu'il y avait de la « part du catholicisme, dit-il, plus de modestie et plus de « loyauté à commander de croire ce qui n'était pas dé- « montré, par impossibilité soit de le faire, soit de se faire « comprendre, que de la part des Manichéens qui se « jouaient de la crédulité de leurs adeptes en promettant « d'abord de tout démontrer, et qui ensuite, dans l'impos- « sibilité de justifier tant de fables, prétendaient en imposer « la croyance.»

Bientôt saint Augustin fit un pas de plus. « Je considé- « rais quelle innombrable quantité de choses je croyais « sans les avoir vues, par exemple tant d'événements « contenus dans l'histoire des nations; tant de descrip- « tions de villes et de pays que je n'avais jamais visités; « tout ce qu'il faut admettre sur la foi des amis, des mé- « decins et d'une infinité d'autres personnes, sous peine

« de briser entièrement tous les liens de la vie sociale ;
« enfin je songeais avec quelle inébranlable confiance je
« me tenais sûr d'être né de tels parents, ce que je ne
« pouvais savoir pourtant que par le témoignage des autres,
« et grâce à vous, ô mon Dieu, j'ai fini par comprendre
« qu'il faut condamner, non pas ceux qui ont foi dans vos
« Écritures auxquelles vous avez imprimé tant d'autorité
« chez presque toutes les nations de la terre, mais bien
« ceux qui n'y croient pas ; et que ces derniers ne doivent
« point être écoutés, lorsqu'ils viendraient me dire : D'où
« savez-vous que ces livres ont été donnés à l'homme par
« un seul Dieu véridique et source de toute vérité (1) ? »

Arrivé là, saint Augustin n'avait qu'un pas à faire pour se soumettre à l'autorité de l'enseignement vivant de l'Église catholique, dont il a si bien démontré la nécessité dans la suite.

Telle est, en abrégé, la marche de saint Augustin vers la vérité sous la direction de saint Ambroise. Telle est celle que doit suivre tout homme qui, de nos jours, veut arriver à la lumière. La première cause de nos erreurs, ce sont les calomnies des méchants contre la vérité ; elle disparaît devant une explication sincère. C'est ainsi que Bossuet a plus déterminé de conversions parmi les protestants par son petit livre de l'*Exposition*, que par ses innombrables volumes de *controverse*.

Le second point, c'est de comprendre que le prétendu

____

(1) *Conf.*, liv. VI, chap. v.

docteur qui promet tant de preuves ne prouve que son ignorance ou sa mauvaise foi, car, en réalité, il ne spécule que sur la crédulité de ses adeptes. En fait, toutes les vérités naturelles reposent, en dernier ressort, sur la foi, surtout les vérités sociales et les vérités religieuses. Enlevez donc la foi de la société, que reste-t-il? Quelle est la science qui au moins ne commence point par la foi?

Mais on n'arrive point tout seul à ces conséquences. Il faut un enseignement, l'enseignement du prêtre chargé d'instruire. Tout génie qu'il était, saint Augustin n'a fait des progrès réels dans la véritable voie que lorsqu'il a été assez mur pour aspirer à se mettre en rapport avec saint Ambroise.

Tout génie est peuple à cet égard. D'ailleurs qui a le droit de se croire génie? Qui peut savoir qu'il a du génie pour oser se soustraire à la loi commune? Que de folie dans notre orgueil! Que d'orgueil dans nos folies! En posant cette grande loi de la foi, que Dieu connaissait bien l'homme sorti de ses mains!

CHAPITRE V.

La vérité ne pénétrait que lentement dans cette profonde intelligence qui voulait tout sonder. Dans sa trente et unième année il avait traversé toutes les couches de l'erreur pour s'élever enfin jusqu'à la région de la lumière depuis une sorte de panthéisme matérialiste jusqu'à la spiritualité absolue et à la personnalité de la divinité.

La promesse toujours renouvelée par les Manichéens de tout expliquer sans jamais s'accomplir autrement que par des paroles creuses, moins claire que les mystères dont ils prétendaient rendre compte, l'avait dégoûté de l'idolâtrie de l'examen privé.

Au contraire, la modestie avec laquelle saint Ambroise, au nom des catholiques, avouait qu'il y a dans les vérités religieuses des points tellement au-dessus de la portée de l'esprit humain qu'il lui est absolument impossible de les comprendre, l'avait frappé d'admiration. Il avait reconnu la grandeur et la bonne foi de cet aveu comme les marques les plus sûres de la vérité, et l'avait préparé à se soumettre à l'autorité de la foi.

Les objections contre l'Écriture s'étaient changées en admiration pour cette simplicité unie à cette profondeur qui met la lecture à la portée de tout le monde, et cependant renferme des doctrines auxquelles les plus hautes intelligences peuvent à peine arriver.

Enfin, la trente-deuxième année ouvrit l'ère de la foi complète. Que sainte Monique dut être heureuse lorsqu'elle vit son fils sur cette « règle droite » de la foi où la révélation céleste lui avait promis qu'elle le verrait un jour !

Jusque-là saint Augustin n'avait aspiré qu'à la foi, persuadé, ainsi que sa mère, que le reste ne lui coûterait rien puisqu'il était résolu à tous les sacrifices que le baptême lui imposerait par la pratique religieuse. Illusion dont sont victimes presque tous les incrédules. Si j'avais la foi, je vivrais comme un saint, disent-ils, tandis que la crainte d'être saint est en partie la cause de l'incrédulité.

Alors s'ouvrit cette terrible lutte contre les passions que ne prévoyait pas cette grande âme, et dont elle sortit enfin victorieuse, grâce aux prières de sa mère et à la protection du Ciel.

Nous avons vu que Monique avait obtenu la cessation du désordre et préparait un mariage en vue du baptême. Vains efforts. Dénué du secours de cette grâce qui seule rend chaste, l'infortuné jeune homme retomba dans l'abîme et forgea de nouvelles chaînes, tout en aspirant à les briser.

Cependant le fils de Monique recourait à tous ceux qui pouvaient le seconder dans ses généreux efforts. Sa confiance dans saint Ambroise lui inspira l'idée de s'adresser à Simplicien, vieillard vénérable et versé dans la philosophie, dont Dieu s'était servi pour la conversion de saint Ambroise. Ce saint personnage lui fit beaucoup de bien, en particulier en lui racontant la conversion du philosophe Victorin, la lumière de Rome, où les plus grands personnages lui avaient élevé une statue en reconnaissance des leçons qu'il leur avait données. Oh ! que les exemples sont puissants, même sur ceux qui sont capables de les donner aux autres !

La beauté de ce trait qui le remplit du désir de se convertir lui-même, ne servit un moment qu'à lui faire mieux sentir la force de ses passions et la pesanteur de ses chaînes qui le retenaient seules malgré ses lumières, malgré même son inclination.

Il gémissait dans cet état au milieu d'angoisses toujours croissantes, partageant son temps entre ses occupations accoutumées, la fréquentation de l'église et la société distinguée qui l'entourait et avec laquelle il s'occupait sans cesse des plus grandes questions de philosophie et de religion.

Un jour qu'il était chez lui avec Alype et Vérécond, dans l'absence de Nébride, Pontien vint le voir. C'était un grand officier du palais, Africain comme lui. Pontien qui était un franc et loyal chrétien, ayant jeté les yeux sur une table de jeu, placée au milieu de l'appartement, y prit un livre qu'il croyait un ouvrage de philosophie et fut étonné de voir que c'était Saint-Paul. Alors il fit quelques plaisanteries à Augustin sur la présence de ce livre sacré sur la table d'un homme qui passait pour être loin de la religion.

Puis la conversation s'engagea sur la vie de saint Antoine, qui alors faisait beaucoup de bruit et qu'ignoraient complétement Augustin et sa société.

Au récit de tant de merveilles qui peuplaient les déserts de la Thébaïde, voilà le cœur de saint Augustin qui s'enflamme de plus en plus! Voilà les combats qui redoublent de fureur! il sentait un amour ardent pour ces âmes généreuses qui se donnaient tout entières à Dieu, et cependant il était indigné de ne pas se sentir le courage de les imiter.

Une véritable tempête se passait en lui, au point que ses traits marquaient le trouble intérieur. « Je me jette, dit-il, « sur Alype, et je lui crie : Quelle souffrance est la nôtre! « Qu'est-ce que cela? Qu'as-tu entendu? Les ignorants se « lèvent et gagnent le ciel; et nous, sans cœur, avec toute « notre science, voilà que nous nous vautrons dans la « chair et le sang! Rougirons-nous de les suivre parce « qu'ils ont pris le pas sur nous? Ne devons-nous pas plu- « tôt rougir de nous être laissés devancer? Je ne sais « tout ce que je dis. Ma violence m'arracha de ses bras, « pendant qu'il me fixait dans la stupeur. J'avais un son « de voix extraordinaire, et mon front, mes joues, mes « yeux, mon teint, mon accent, en disaient plus que ne « pouvait penser mon esprit, et que n'en exprimaient mes « paroles. Mon appartement tenait à un petit jardin dont « nous usions comme de toute la maison, car le proprié- « taire n'était pas là. Le tumulte de mon cœur m'y en- « traîna pour que je n'y fusse dérangé par personne dans

« la lutte ardente que j'engageais contre moi-même. »
Alype le suivit ; mais Alype était un autre lui-même. Alors
s'engagea un combat acharné qu'on ne peut traduire et
qu'il faut lire dans la langue originale.

« Pourtant, dit-il, non-seulement il fallait aller vers le
« but, mais y arriver ; ce n'était rien autre chose que de
« vouloir aller, mais le vouloir fortement, le vouloir uni-
« quement, non de cette volonté blessée et demi-morte
« qui ne s'élève d'un côté que pour tomber de l'autre, la
« partie malade combattant la partie saine. » Et cependant
ce combat de la volonté, divisé en deux camps, était si violent qu'Augustin, pris entre deux, ne savait plus ce qu'il
faisait : il s'arrachait les cheveux, se frappait le front, se
pressait un genou dans ses mains jointes, et mille autres
gestes qu'un homme calme ne pourrait même faire lorsqu'il
le voudrait. Mon Dieu, que ceux qui connaissent les pécheurs doivent les plaindre !

Après les réflexions les plus profondes et même les plus
philosophiques sur son état, à la vue de sa profonde misère, il fondit en larmes et s'arracha même des côtés de
son cher Alype afin de pleurer plus à son aise dans la solitude absolue et alla se placer seul sous un figuier où il
versa des torrents de larmes, en criant vers Dieu : Jusqu'à
quand, Seigneur ! Jusqu'à quand, Seigneur, serez-vous
irrité contre moi ? Est-ce jusqu'à la fin ? Ne vous souvenez
pas de nos anciennes iniquités.

L'histoire ne dit pas si sainte Monique eut connaissance
de cette scène pendant qu'elle durait. Comme elle devait

alors prier ! Comme elle devait fondre en larmes de son côté !

Pendant qu'Augustin sanglotait et priait tout haut, il entendit de la maison voisine comme une voix d'enfant chantant à plusieurs reprises : Prends et lis. Il écouta, il s'assura que ce ne pouvait être les enfants voisins. Alors il se leva et retourna près d'Alype, prit les Épîtres de saint Paul qu'il y avait laissés, les ouvrit et tomba sur ce passage : « Ce n'est « point dans les festins et l'ivresse, dans la mollesse du lit et « l'impureté, dans les contentions et les jalousies, que « vous devez vivre, mais revêtez-vous du Seigneur Jésus- « Christ, et ne vous livrez point aux œuvres de la chair « dans vos passions. » Je n'en voulus pas lire d'autres, dit saint Augustin, et il n'en était pas besoin. J'avais à peine fini ce passage que la confiance de la lumière se répandit dans mon cœur et dissipa les ténèbres de toutes mes hésitations; je marquai le passage et fermai le livre, que je remis à Alype d'un visage déjà calmé. Il me demanda ce que j'avais lu, je le lui montrai, et il poursuivit dans le texte : « *Adoptez celui qui est faible dans la foi.* » Ce qu'il prit pour lui. « A l'instant, ajoute saint Augustin, nous annon- « cions le résultat à ma mère qui se livre à la joie. Nous « lui racontons comment tout s'est passé, elle tressaille, « elle bondit. Elle vous bénissait vous qui pouvez faire plus « que nous ne demandons, plus même que nous ne pou- « vons, parce qu'elle voyait que vous lui aviez accordé « beaucoup plus qu'elle n'avait coutume de vous deman- « der par ses gémissements si touchants et si dignes de « compassion. Vous m'aviez converti au point que je ne

« voulais plus ni épouse, ni aucune espérance de ce
« siècle, me tenant ferme sur cette règle de la foi où vous
« m'aviez montré à elle tant d'années avant. Vous aviez
« changé son deuil en joie, avec beaucoup plus d'abon-
« dance qu'elle ne le voulait, et d'une manière plus pré-
« cieuse et plus chaste qu'elle ne le pensait, lorsqu'elle se
« proposait de voir des petits-enfants que devait lui pro-
« curer mon mariage... »

Pauvre mère qui au commencement ne rêvait qu'une
belle postérité temporelle sortie de ce merveilleux enfant,
console-toi au plus tôt dans la joie, il te donnera une postérité spirituelle qui t'aimera et te bénira jusqu'à la fin du
monde, et pendant toute l'éternité. Que d'âmes Augustin
a enfantées à Dieu! Que de petits-enfants pour Monique!
Hélas! qui l'eût connue sans Augustin! Qui l'aimerait
aujourd'hui si son fils n'eût pas été docteur de l'Église? Sa
postérité serait éteinte depuis longtemps tandis qu'elle va
toujours croissant.

On approchait des vacances pour les vendanges où
Augustin termina ses cours publics. Vérécond son ami,
encore païen, mais marié à une femme chrétienne, lui
ayant offert sa maison de campagne, nommée Cassiaque
ou Cassisiaque, il s'y retira avec sa mère et toute sa société
intime pour se préparer au baptême et d'où il revint à
Milan pour le recevoir. Saint Augustin fut baptisé avec
Alype, son ami, et Adéodat, son fils, âgé de quinze ans,
jeune homme de la plus grande espérance, mort quelques
années après.

Saint Augustin ne parle point de sa mère à l'occasion de son baptême dont la joie se confondait avec celle de la conversion, qui termine réellement sa carrière maternelle, la plus belle qu'il ait été donné à une mère de remplir ici-bas. Aussi sera-t-elle toujours l'admiration et le modèle des mères chrétiennes.

CHAPITRE VI.

Sous la direction de sa mère, saint Augustin voulut se préparer à son baptême d'une manière digne d'une telle conversion. Six mois avant, aux vacances des vendanges, environ vingt jours après sa conversion, saint Augustin donna sa démission de professeur, et quitta Milan pour se retirer à Cassiaque, maison de campagne considérable des environs, que son ami Vérémund avait mise totalement à sa disposition, afin de se livrer tout entier à sa piété en vrai philosophe chrétien.

Sainte Monique l'y accompagna avec son autre fils Navigius, ses deux neveux du côté de son mari, Lastidien et Rustique, Adéodat, fils d'Augustin, âgé de quinze ans, qui donnait les plus belles espérances pour la vertu et la littérature, Trigèce et Licent, disciples de saint Augustin, assez âgés pour que l'un d'eux eût déjà été militaire ; Alype, qui devait se faire baptiser avec saint Augustin et Adéodat, vint les rejoindre un peu plus tard, et probablement Romanien, au moins pendant quelques jours.

C'était un vrai paradis terrestre pour sainte Monique, après toutes les luttes et les angoisses de sa vie entière. Là, enfin, tout était édifiant. Là, enfin, cette victorieuse mère, qui tenait la maison, était vraiment l'âme de cette belle société qu'elle avait conquise à Jésus-Christ. Voici comment saint Augustin la représente alors au milieu d'eux. « Encore ignorant de votre véritable amour, ô mon Dieu ! « j'étais désœuvré dans une campagne isolée, catéchumène « avec le catéchumène Alype. Mais je vois toujours ma « mère à nos côtés, femme par le corps, homme par la « foi, vieillard par la sagesse, mère par l'amour, chré- « tienne par la piété. » Quel portrait ! Et il est de la main du docteur de la grâce ! Et il est ressemblant !

Dans cette solitude, le temps était réglé comme dans un monastère, et le travail choisi et distribué comme dans la demeure de Platon, mais de Platon chrétien. Le matin, après la prière, on s'occupait d'agriculture, Virgile à la main ; puis on lisait Isaïe, surtout les psaumes qui allaient si bien au cœur attendri et pénitent du nouveau converti. Oh ! que sainte Monique devait être émue en écoutant ces belles prières commentées par son fils ! comme ses larmes, larmes de bonheur cette fois, devaient couler doucement ! Là, tout était sujet à instruction.

Après le frugal repas, dont le commencement et la fin se confondaient, tant il était court, on se réunissait pour la conversation, soit dans un appartement, soit dans la cam- pagne, le plus souvent dans la salle de bain. Là, on confé- rait à la manière antique de Socrate, sur des sujets de philosophie religieuse. Chacun disait ce qu'il pensait, inter- rogeait et répondait librement, mais avec une retenue et une élévation telles que tout pouvait être écrit par des sténographes nommés alors *notaires*.

Plusieurs traités sont le fruit de ces causeries, en particulier ceux auxquels sainte Monique a pris une part active par des observations du plus grand sens et dont, par conséquent, nous devons rendre compte, d'autant plus qu'ils nous la font voir sous un nouveau jour, et qu'ils mettent le comble à l'idée que nous avions déjà de son bon sens et de sa mesure en tout.

Le premier est sur le bonheur de la vie, le second sur l'ordre.

Les conversations sur le bonheur de la vie prirent trois séances. La première eut lieu le jour de la fête de saint Augustin, à la suite du festin de famille qui, *malgré la solennité n'empêchait point de se livrer immédiatement au travail;* elle pourrait, selon la pensée de saint Augustin, s'intituler le repas de l'âme; en voici la substance avec les principales observations de sainte Monique.

Après avoir établi que nous sommes composés d'un corps et d'une âme par une courte discussion, dans laquelle sa mère ne dit rien, saint Augustin pose cette question : L'âme, comme le corps, n'a-t-elle point sa nourriture à part? Assurément oui, dit sa mère. L'âme, selon moi, n'a point d'autre nourriture que l'intelligence et la science des choses.

Comme Trigeste argutiait sur cette réponse, sainte Monique, qui avait remarqué et son bon appétit et ses distractions pendant le repas, lui fit cette charmante réponse :

Mais ne venez-vous pas de nous montrer avec quoi et où l'âme se nourrit? Nous étions presque à la fin du repas lorsque vous nous avez dit ne vous être point aperçu de quelle vaisselle nous nous étions servi, parce que vous pensiez à je ne sais quel autre sujet; et cependant ni vos mains ni vos dents n'étaient restées oisives. Où était alors votre âme qu'elle n'avait pas vu ce que vous mangiez? Elle était, sachez-le bien, à se nourrir de ses mets, c'est-à-dire de ses réflexions et de ses pensées pour tâcher de s'en assimiler quelques connaissances (1).

Réplique aussi spirituelle que profonde, qui rappelle, je pense, la distinction de Platon sur *lui* et l'*autre*, et le chapitre si original de Xavier de Maistre sur *lui* et *sa bête*. On voit que sainte Monique avait dans la conversation cette grâce et ce sel attique qui en faisaient le charme et la distinction.

Saint Augustin part de cette division entre la nourriture du corps et celle de l'âme pour annoncer qu'à l'occasion de sa fête, après avoir servi un repas un peu plus copieux, il va en offrir un également pour l'âme. C'est la discussion sur le Bonheur de la vie.

« Ne voulons-nous pas tous être heureux? dit-il. Tous
« ayant témoigné leur assentiment; croyez-vous heureux,
« continue-t-il, celui qui n'a pas ce qu'il veut? Tous ré-
« pondirent que non. — Mais tous ceux qui ont ce qu'ils
« veulent sont-ils heureux? — S'ils veulent ce qui est bon,

(1) *De Beatá vitá*, ch. VIII.

« dit sainte Monique, et qu'ils le possèdent, ils sont heu-
« reux. Mais s'ils veulent ce qui est mauvais, quoiqu'ils le
« possèdent, ils sont misérables. — Comment, ma mère,
« lui dis-je en souriant et en tressaillant de bonheur, vous
« êtes entrée dans le fort même de la philosophie. Assuré-
« ment il ne vous manque que les termes pour surpasser
« Cicéron lui-même, dont voici les expressions sur ce
« sujet : Voilà, dit-il dans l'*Hortensius*, livre qu'il a écrit
« pour louer et défendre la philosophie; voilà que tous...
« non les philosophes, mais ceux qui sont toujours prêts à
« raisonner sur tout, disent que tous ceux qui vivent
« comme ils veulent sont heureux. C'est faux. Car vouloir
« ce qui ne convient point est le comble de la misère. Il
« n'est pas si malheureux de ne pas obtenir ce qu'on désire
« que de vouloir obtenir ce qu'il ne faut pas. La déprava-
« tion de la volonté cause plus de mal que la fortune ne
« procure de bien. » A ces mots, ma mère poussa un tel
« cri d'admiration, que, perdant de vue son sexe, nous
« croyions voir quelque grand homme assis au milieu de
« nous. Pour moi, je comprenais autant que je le pouvais
« alors, de quelle source coulaient ces lumières (1). »

Le sentiment du beau porté à ce degré révèle, en effet,
la plus grande élévation dans l'âme. A quelle sublimité le
bon sens naturel, le dévouement maternel et la sainteté
religieuse réunis ne peuvent-ils pas faire arriver une
âme !

____

(1) *De Beata vita*, ch. x.

Mais là ne finit pas la question. Après que plusieurs interlocuteurs eurent pris la parole, sainte Monique ayant dit : « Quand même nous serions sûrs de ne pas perdre les « biens de la terre, ils ne peuvent nous rassasier : on est « donc encore malheureux alors, puisqu'on est encore indi- « gent. » Son fils lui répondit, croyant l'embarrasser : « Eh quoi! lorsqu'on nage dans l'abondance de tous ces « biens, si l'on sait mettre des bornes à ses désirs, se con- « tenter de ce qu'on a et en jouir avec sagesse, on ne « serait pas heureux, d'après vous! — Pardon, reprit-elle; « mais alors ce ne sont pas ces biens, c'est la modération « qui fait le bonheur. — Parfait, reprit saint Augustin; « on ne peut mieux répondre, surtout pour vous! Ainsi, « il demeure prouvé pour nous que, pour être heureux, il « faut se procurer un bien permanent et à l'abri des « rigueurs de la fortune (1). »

Parfait en effet! Ce qui embarrasse le plus les esprits les plus droits, mais qui ne sont pas exercés aux subtilités de la logique, c'est d'envelopper une idée fausse dans une idée vraie revêtue de tous les ornements du langage, et de la faire passer ainsi sous le couvert de la vérité, comme fait ici saint Augustin. Mais, loin de s'y laisser prendre, sainte Monique a su, du premier coup, faire la part de la vérité et de l'erreur, et dégager celle-ci de manière à la mettre en évidence par l'enveloppe même où elle s'était déguisée.

Le troisième et dernier jour des entretiens sur le bonheur,

____

(1) *De Beatâ vitâ*, ch. XI.

la conversation se passa sur la pelouse, à cause du beau temps. On en vint entre autres à examiner si tout homme malheureux est dans l'indigence. On cita un personnage de Cicéron qui avait tous les biens et en jouissait de la manière la plus parfaite, mais il était malheureux parce que son esprit très-subtil lui présentait toujours devant les yeux les différents accidents qui pouvaient lui faire perdre son bonheur, et par là même le rendaient malheureux. Après bien des réflexions et des distinctions des interlocuteurs tendant à prouver que cet homme était malheureux sans être indigent, sainte Monique dit : « Je ne vois pas comment le « nier, et cependant je ne comprends pas bien comment « on peut séparer le malheur d'avec l'indigence, et l'indi- « gence d'avec le malheur. Car enfin ce riche qui ne dési- « rait rien, cependant manquait de sagesse, par là même « qu'il craignait de tout perdre. Ne dirions-nous pas qu'il « était dans l'indigence s'il eût manqué d'argent ou de « monnaie? Pourquoi ne le dirions-nous pas indigent « puisqu'il manquait de sagesse? » Tout le monde poussa un cri d'admiration. « J'étais heureux, dit saint Augustin, « d'entendre ma mère proférer cette grande vérité que « j'avais prise dans les livres des philosophes et que je « réservais pour le dernier mot de notre banquet intellec- « tuel. Voyez-vous, dis-je, la différence entre les âmes « nourries de tant de sciences diverses et une âme tournée « tout entière vers Dieu? D'où sortent ces paroles que « vous admirez, si ce n'est d'une source divine? »

En finissant, saint Augustin ayant nommé la sainte Tri-

nité, sainte Monique prononça ce vers de saint Ambroise :
« Trinité sainte exaucez nos prières, et elle ajouta : La
« voilà cette vie bienheureuse et en même temps parfaite,
« jusqu'au sein de laquelle, il faut en avoir la confiance,
« une foi inaltérable, une vive espérance et une ardente
« charité guideront nos pas empressés. »

Ainsi se terminèrent dignement, par la prière de sainte
Monique, ces belles conversations sur la vie bienheureuse
où sainte Monique révéla la délicatesse, la profondeur et la
subtilité de son esprit vraiment éminent, comme dans les
conversations sur l'Ordre, elle va nous montrer l'admirable
modestie de son sexe en se renfermant dans le silence
quand elle supposait qu'elle s'attirait trop d'applaudis-
sements.

Il est un trait au commencement du livre de l'Ordre que
je ne sais comment rapporter, quoiqu'après un docteur
comme saint Augustin, on ne puisse craindre la critique,
d'autant plus qu'il est bon de le faire connaître pour donner
une idée de la délicatesse des sentiments religieux de sainte
Monique. « Après le repas du soir, nommé la cène, Licent
« étant sorti, dit saint Augustin, pour satisfaire aux exi-
« gences de la nature, chantait assez haut le verset de David,
« *Dieu des vertus, convertissez-nous ; montrez votre visage*
« *et nous serons sauvés,* le répétant sans cesse sur un air
« qu'il avait appris peu avant et qui le passionnait, comme
« c'est l'usage. Ma mère, femme si religieuse, comme
« vous savez, écrit-il à un ami auquel il envoie son ou-
« vrage, le reprit à cause de l'inconvenance du lieu. » Voilà

comment une maîtresse de maison, selon le cœur de Dieu, sait inspirer le sentiment des convenances religieuses. Le lendemain matin, le charmant élève, la conscience troublée de la réprimande de sainte Monique, alla trouver son maître au lit pour le consulter, et saint Augustin le rassura. Il y a loin de cet écolier à ceux de Carthage et de Rome.

A la fin de la première conversation sur l'Ordre, il arriva un incident qui mérite de figurer dans la vie de la patronne des mères chrétiennes. Quoique sainte Monique ne soit entrée qu'à la fin, c'est la plus belle leçon sur la manière de former la jeunesse au bon esprit. Au reste, le passage a paru si beau au célèbre Tillemont, que c'est le seul extrait qu'il donne de ce Traité dans la vie de saint Augustin.

« Trigèce, dit saint Augustin, qui avait avoué une erreur
« sur Dieu, ne voulait point que cette parole fût écrite ;
« mais Licent voulait qu'elle demeurât. Ils agissaient,
« hélas ! comme des enfants, ou plutôt à peu près comme
« tous les hommes. Traitions-nous donc ce sujet pour en
« tirer vanité ? Comme je condamnais vivement ces dispo-
« sitions de Licent, il rougit, et je m'aperçus que Trigèce
« riait et triomphait de sa confusion. Alors m'adressant à
« tous deux : Quelle est votre conduite, leur dis-je ! N'avez-
« vous point souci de ce poids de vice, de ces ténèbres
« d'ignorance qui nous écrasent et nous enveloppent ? Est-
« ce là cette attention de tout à l'heure, cet élan vers Dieu
« et la vertu dont je me réjouissais avec si peu de raison !
« Ah ! si vous voyiez, ne fût-ce qu'avec des yeux aussi

« mondains que les miens, dans quels périls nous gémis-
« sons, et de quelle folie notre rire est la marque ! Oh ! si
« vous le voyiez, comme bientôt, comme à l'instant même
« et pour longtemps, vous changeriez ce rire en pleurs !
« Malheureux, ne savez-vous où nous sommes ? Que les
« cœurs des insensés et des ignorants soient plongés dans
« l'abîme, c'est là le sort commun ; mais des hommes aux-
« quels la sagesse tend la main de tant de manières !...
« Je vous en conjure, n'ajoutez pas à ma misère. J'ai assez
« de mes plaies. Presque chaque jour mes pleurs deman-
« dent à Dieu la guérison, et surtout je crains d'être
« indigne de l'obtenir aussi promptement que je le vou-
« drais. Cessez donc, je vous en supplie ; si vous me devez
« quelque amour et quelques égards, si vous comprenez
« mon affection pour vous, mon dévouement et mes solli-
« citudes pour votre éducation, si je ne mérite pas votre
« indifférence, si je puis vous assurer devant Dieu que je
« n'ai pas d'autres désirs pour moi que pour vous, mon-
« trez-vous reconnaissants. Et si vous m'appelez volontiers
« votre maître, récompensez-moi en vous montrant bon.

« Mes larmes m'empêchèrent d'en dire davantage, et
« Licent qui voyait avec la plus grande peine qu'on écri-
« vait tout, me dit : — Que t'avons-nous fait, je t'en prie !
« — Maintenant même, répliquai-je, tu n'avoues pas ta
« faute ? Tu ne sais donc pas combien je souffrais dans
« ma classe de voir ces enfants moins sensibles à l'utilité
« et aux progrès de leurs études qu'à l'appât de futiles
« éloges... C'est jusques dans la philosophie, dans cette

6*

« vie que je me réjouis d'avoir enfin embrassée, que vous
« essayez d'introduire et de répandre le plus subtil des
« poisons, l'affreuse jalousie, et la ridicule jactance ! Peut-
« être, hélas ! qu'en vous détournant d'un penchant aussi
« vain et aussi dangereux, je vais voir se ralentir votre
« ardeur pour la science, et après avoir éteint le désir d'une
« vaine renommée, vous verrai-je vous refroidir jusqu'à
« la torpeur de l'inertie. Malheur à moi, si, aujourd'hui en-
« core, il me faut supporter des caractères qui ne peuvent
« se corriger d'un vice qu'en se livrant à d'autres. — Tu
« verras, dit·Licent, combien nous nous corrigerons à
« l'avenir. Seulement, nous te demandons par tout ce qui
« t'est cher, de nous pardonner et de faire effacer tout...
« — Au contraire, dit Trigèce, que notre punition soit
« durable ; ainsi cette renommée qui a pour nous tant d'at-
« traits, nous détournera de ses appâts en nous frappant
« de son fouet. Nous serons vigoureusement flagellés lors-
« qu'il nous faudra montrer ces écrits à nos intimes amis.
« Licent y consentit (1). »

Je ne connais rien de beau comme cette leçon contre la
vaine gloire et la rivalité qu'elle engendre, rien de touchant comme ces larmes paternelles qui empêchent le
maître de parler. Quelle impression cette tendresse ne dut-
elle pas produire sur le cœur des deux élèves de ce grand
docteur ! Comment ne pas devenir des saints avec une telle
éducation ! Et cependant saint Augustin n'était pas une

(1) *De Ordine,* liv. I, ch. x.

mère; mais il avait appris de sa mère à pleurer sur les défauts de ceux qu'il regardait comme ses enfants, puisqu'il était chargé de les instruire.

Mais revenons à sainte Monique. « A ce moment, dit « saint Augustin, entra ma mère, qui demanda où « nous en étions, car elle connaissait la matière qui nous « occupait. Comme j'ordonnais qu'on écrivît son entrée « et son interrogation, suivant notre usage : — Que « faites-vous? nous dit-elle? Dans les livres que vous « lisez, est-ce que j'ai jamais vu des femmes prendre « part à des discussions de ce genre? — Je lui répon- « dis : Je ne fais pas grand cas du jugement de ces « hommes orgueilleux et sans valeur qui lisent les livres « comme ils saluent les gens. Ils n'examinent point ce « qu'ils sont, mais quels sont leurs habits et leur entou- « rage... Ceux qui liront mon livre et qui, sans mépriser « l'autorité du seuil, se sentiront portés par leur curiosité « ou leur excessive ardeur pour l'étude à pénétrer dans « l'intérieur, ne seront point chagrins de me trouver phi- « losophant avec vous... Je ne manquerai point de lec- « teurs, croyez-moi, qui seront plus touchés de vous voir « philosopher avec moi que de tout ce que je pourrais leur « offrir de plus agréable et de plus sérieux sur n'importe « quel sujet. Il y a eu beaucoup de femmes à se mêler de « philosophie chez les anciens, et votre philosophie me « plaît beaucoup... Je vous mépriserais si vous n'aimiez « pas la sagesse. Je vous estimerais un peu si vous l'ai- « miez un peu; je vous estimerais plus, si vous l'estimiez

« autant que je l'aime. Mais comme vous l'aimez autant
« que vous m'aimez moi-même, et je sais combien vous
« m'aimez; comme vous y avez fait tant de progrès que
« rien désormais ne peut vous ébranler, ni la crainte de
« quelque accident imprévu, ni même l'horreur de la mort,
« ce qui est très-rare, même chez les hommes les plus
« savants, et, de l'aveu de tout le monde, c'est le sommet
« de la philosophie ; est-ce que je ne serais pas heureux
« de pouvoir me présenter au public comme votre dis-
« ciple ? »

A cela, que répondit sainte Monique ? « Ma mère me
« dit avec douceur et gravité, dit saint Augustin, qu'elle ne
« m'avait jamais entendu tant mentir. » Là finit la séance;
mais, à partir de ce moment, nous ne voyons plus de paroles
de sainte Monique dans la suite de l'ouvrage ; elle se contenta d'écouter pour édifier en silence. Nous ne la verrons
plus converser que seule à seule avec son fils, dans le sublime entretien sur le ciel.

Quelle grâce ! quelle élévation ! quelle modestie ! Non,
non ! admirable mère, votre fils ne mentait point. Sans
doute vous le croyiez puisque vous le disiez ; mais votre
humilité vous aveuglait et mettait ainsi le dernier trait à
votre grandeur.

Que saint Augustin avait raison de dire que ses lecteurs
lui sauraient gré d'avoir fait paraître sa mère dans ses
livres ; mais comme je sais gré encore plus à sa mère de
s'être effacée à point ! Que ce silence qui se manifeste dès
qu'on lui donne les louanges, pourtant les plus sincères

et les plus méritées, est caractéristique! Je reconnais la vertueuse femme dont la marque, dans les livres saints, est la pudeur et le silence.

Le silence de sainte Monique est d'autant plus remarquable que, dans la suite de la conversation, il se présenta une occasion toute naturelle de parler. Voici ce passage qui nous fait connaître l'idée que saint Augustin avait du génie de sa mère. Le grand docteur venait de parler des études préparatoires, non à la science de Dieu qui ne peut se *connaître mieux que par l'ignorance,* mais à la connaissance de l'âme : « Que ce qui de toutes ces sciences « est nécessaire à l'objet de nos recherches ne vous effraie « pas comme l'entrée d'une immense forêt d'études, dit-il « à sa mère. On fera un choix d'idées, très-petit par le « nombre, très-grand par la portée, difficile il est vrai pour « l'intelligence de beaucoup; mais pour vous, dont le génie « se révèle à moi tous les jours, pour vous dont l'esprit a « puisé, je le sais, dans l'âge et dans une tempérance mer- « veilleuse, la plus vive horreur de toute frivolité et s'est « élevé en lui-même au-dessus de toute corruption des « sens, ces vérités vous seront aussi faciles qu'elles sont « difficiles aux esprits pesants et aux âmes plongées dans « l'ignominie. »

Pour parler ainsi, saint Augustin avait assurément la plus haute idée du génie de sa mère, et il était bon juge.

Puis, faisant allusion à ce que sa mère lui avait dit qu'il mentait dans les éloges qu'il lui faisait, il dit : « Assuré- « ment je mentirais si je vous disais que vous arriverez à

« une entière pureté de langage. Malgré la nécessité qui
« m'a forcé de me livrer à cette étude, les Italiens me repro-
« chent souvent certaines prononciations. Il est vrai qu'à
« mon tour je leur fais des reproches sur l'accent ; car ce
« n'est pas tout d'être du pays, il faut posséder la science.
« Il se peut même que l'oreille exercée des habiles sur-
« prenne dans mon langage ce que nous appelons des solé-
« cismes. Ne m'en a-t-on pas fait remarquer, et avec rai-
« son, dans Cicéron lui-même. Quant aux barbarismes,
« on en voit tellement aujourd'hui que le discours qui
« sauva Rome n'est qu'un barbarisme perpétuel. Pour vous,
« méprisant ces questions puériles ou étrangères, vous
« connaissez si bien la nature et la force presque divine
« des principes fondamentaux de la grammaire que vous
« semblez aux yeux des plus doctes en avoir pris le cœur
« en laissant l'écorce, et je pourrais en dire autant des
« autres arts libéraux. »

Que l'on ne croie pas par ce passage que sainte Monique
fût ce qu'on appelait autrefois une femme savante ; elle
avait quelque chose de plus grand que le génie dans une
femme, c'est le bon sens de n'en faire aucun cas. Aussi son
fils se hâte-t-il d'ajouter : « Quelque mépris que vous té-
« moigniez pour toutes ces sciences, je vous conjure, au-
« tant que votre fils peut l'oser et que vous me le permet-
« tez, de mettre toute la prudence et la fermeté à conserver
« votre foi que vous avez puisée dans la méditation des
« vénérables mystères, et toute votre vigilance à persévé-
« rer dans la sainteté de votre vie et de vos mœurs. »

Assurément sainte Monique eût pu et, en apparence, eût dû dire de très-belles choses en réponse à tout ce passage. Mais le silence était plus beau encore, et c'est par là qu'elle finit ; elle pouvait sans doute aspirer à être l'Hypatie (?) chrétienne, mais elle a préféré rester sainte Monique. Quelle folie de pousser les femmes et surtout les mères à être ce qu'on appelle savantes !

Saint Augustin termine admirablement ces belles conversations sur l'Ordre, en exhortant ses amis à prier pour obtenir, non les richesses, les honneurs, les biens incertains et passagers de cette vie qui échappent malgré tous les efforts, mais la vertu et le bonheur. « Mais, dit-il, pour « que ces vœux soient dignement présentés à Dieu, nous « vous en chargerons, ô ma mère, car c'est à vos prières, « je le crois fermement et je le certifie, que Dieu m'a « accordé de ne préférer absolument rien à la découverte « de la vérité, de ne vouloir, de ne chercher, de n'aimer « qu'elle. Aussi, espéré-je encore qu'après nous avoir ob- « tenu par vos mérites le désir d'un bien si grand, vous « nous en obtiendrez par vos prières l'heureuse jouis- « sance. »

Telle est l'admirable conclusion de ces entretiens. Le dernier mot de la philosophie, c'est la prière : tout ce qu'on apprend sans Dieu, ou est faux, ou est mal appris, et, dans un cas comme dans l'autre, nous égare au moins par l'orgueil.

A l'homme de se livrer à la philosophie, en suivant l'ordre dans les sciences pour arriver au sommet qui est la vérité. A la femme, à la mère de prier. C'est dans son cœur, se fondant d'amour devant Dieu par la prière, qu'elle trouve ces rayons de lumière céleste, qui font pousser des cris d'admiration aux véritables savants qui l'entendent.

Mais il faut qu'elle s'ignore, qu'elle ferme l'oreille aux louanges, ou, ce qui vaut mieux, les prenne pour de véritables *mensonges,* ou, ce qui vaut mieux encore, n'y voie d'autre motif que de mépriser la science de la terre, puisque la *pureté du cœur* et la *sobriété* en apprennent plus que tous les livres.

Arrivée à ce degré du silence dans la lumière du cœur, que Monique est grande au milieu de cette belle assemblée! Ce n'est plus simplement un grand homme que l'on croirait revenu des anciens temps, un Socrate ou un Pythagore, c'est un ange descendu du ciel pour venir chercher les vœux des mortels et les faire agréer au pied du trône de l'Éternel; c'est sainte Monique arrivée au sommet de la maternité.

CHAPITRE VII.

BAPTÊME DE SAINT AUGUSTIN.

Si sainte Monique était sortie de Babylone à son baptême, on peut dire qu'elle entra au ciel pour celui de son fils. C'est là qu'elle acheva de se sanctifier et atteignit ce fini de la perfection qui étonnait son fils peu de temps après.

Fidèle à la loi du secret, saint Augustin ne nous a rien laissé sur son baptême dans ses Confessions. Mais nous savons par le traité du *Baptême* de Tertullien, par celui des *Sacrements* de saint Ambroise, par celui de la *Foi et des OEuvres* de saint Augustin et par beaucoup d'autres écrits, quelles étaient les cérémonies d'alors et les préparations partout en général et en particulier à Milan.

Saint Augustin déclare qu'il se rendit de Cassiaque à Milan lorsque l'époque fut arrivée, c'est-à-dire avant le carême, afin que sa confession fût faite pour l'imposition de la pénitence. Par conséquent, sa mère l'accompagna. Alors quelle reconnaissance envers Dieu! Elle revit cette maison où elle avait tant pleuré et prié.

C'est à saint Ambroise que son fils dut faire cette confession célèbre qu'il a répétée dans ce livre immortel que nous avons pris pour guide dans cet ouvrage. Quels torrents de larmes durent couler des yeux et d'un tel pénitent. et d'un tel confesseur qui, d'après son historien, pleurait avec tous ses pénitents.

Quoique cette confession fût auriculaire et secrète, d'après Tertullien, cependant il y avait des prostrations aux yeux des fidèles, d'après le même auteur. Or, Tertullien dit, dans un traité de la Pénitence, qu'elles avaient pour but de s'assurer leurs prières par l'aveu au moins des principales fautes. Avec quelle humilité ce génie de la pénitence dut se jeter aux pieds de tout le monde afin de le prier d'intercéder pour lui ! Comment peindre alors l'émotion de sa mère, ses larmes et ses prières pour faire descendre les grâces les plus abondantes sur cette tête si chérie !

Sans doute la santé de saint Augustin était alors très-faible, puisqu'à Cassiaque il ne pouvait parler longtemps de suite, et que la délicatesse de sa poitrine était une des causes qui lui avaient fait abandonner sa chaire. Sa vue en était même notablement affaiblie. Cependant il se soumit à tout, autrement son humilité l'eût consigné dans ses confessions. Que d'austérités, que de bonnes œuvres sainte Monique dut s'imposer pour seconder la pénitence !

Pour les Catéchèses, comme on disait alors, le grand docteur, quoique préparé à Cassiaque, alla sans doute s'asseoir sur les bancs, avec les ignorants d'abord, pour entendre les leçons sur les œuvres, comme on le voit dans son traité de la *Foi et des OEuvres*, ensuite pour recevoir le symbole et puis le *Pater*. C'est sans doute là qu'il prit la forme presque invariable de son double enseignement sur ces matières que nous trouvons dans ses ouvrages et dans ses sermons.

Quels durent être l'émotion et l'édification des fidèles et le bonheur de sainte Monique lorsqu'on entendit l'éloquent professeur, naguère si fier de l'indépendance de sa raison, faire sa profession de foi, peut-être du haut de l'ambon ou de la chaire, comme il le rapporte pour un illustre professeur de Rome.

Saint Augustin parle du scrutin dans son traité de la *Foi et des OEuvres*, comme d'une des conditions du baptême. Le peuple fidèle de Milan fut donc interrogé sur les titres de saint Augustin pour le baptême. On parla, on discuta. Puis le célèbre catéchumène étant sorti, on alla au scrutin, et sainte Monique dut donner sa voix comme les autres. Malgré son amour pour son fils, ou plutôt à cause de son amour, avec quelle énergie elle se fût opposée à son admission, si elle ne l'avait pas cru digne !

Quand après ce baptême tant désiré, le nouveau fidèle dut donner le baiser fraternel à tous les frères, quels transports de joie éprouva cette veuve qui, depuis si longtemps, se comparait sans cesse à la veuve de Naïm, suivant partout son fils comme mort dans un long convoi de Thagaste à Milan, attendant avec une confiance invincible le moment où Jésus-Christ se présenterait pour dire : Jeune homme, c'est moi qui te le dis, lève-toi, et remettre

Augustin plein de vie dans ses bras ! Tous ses vœux étaient exaucés, saint Augustin était désormais non-seulement son fils, mais son frère, mais l'enfant de Dieu comme elle et l'héritier du ciel.

Après la confirmation qui dut suivre, vint le lavement des pieds, cérémonie particulière à l'église de Milan en cette occasion pour préparer le nouveau baptisé à la sainte communion, comme dans le Cénacle. Le grand, le vénérable Ambroise se prosterna devant les nouveaux baptisés pour leur laver les pieds, à l'exemple du divin Maître, comme si l'innocence baptismale ne suffisait point à elle seule pour approcher des saints mystères.

Dans ces temps de foi, sur des personnes arrivées à la maturité de l'âge et des cœurs préparés comme celui de sainte Monique et de saint Augustin, quelle impression de telles cérémonies produisaient-elles ! On ne peut ni l'exprimer, ni la sentir.

Puis les enfants nouveau-nés, comme on les appelait alors, se rendirent vers l'autel en récitant l'*Introïbo ad altare Dei*, « J'approcherai enfin de l'autel de Dieu. » Là saint Augustin fit sa première communion avec sa mère, qui enfin sentit le même Dieu présent corporellement dans son cœur et celui de son fils.

Pendant les huit jours de l'Octave, Augustin porta la robe blanche des enfants de Dieu, et vint avec son parrain assister aux offices de tous les jours et entendre la parole de Dieu, participer aux saints mystères jusqu'au samedi soir où il rentra dans la vie commune. Ce vêtement sacré, ces onctions qu'il portait non essuyées et qui empêchaient qu'on le touchât d'une manière vulgaire, inspiraient un religieux respect pour son corps. Quel spectacle pour sainte Monique!

La ville de Milan fut si impressionnée de la conversion de son illustre professeur, qu'elle a consacré le souvenir de cette cérémonie en dédiant à saint Augustin l'église de Saint-Jean-Baptiste, où elle s'accomplit. Et le voyageur, en en visitant les restes vénérés, se transporte par la pensée au milieu de ce grand événement, où il voit au milieu de la foule attendrie sainte Monique contemplant son fils régénéré et pleurant enfin de bonheur.

Voici comment le fils de sainte Monique rend compte des impressions qu'il ressentait alors : « A peine fûmes-« nous baptisés que toutes nos inquiétudes disparurent sur « notre vie passée (1). » Admirable effet de la vie de la grâce dans les cœurs bien préparés à la réception des sacrements par une conversion complète. La paix est d'autant plus grande qu'on a été plus coupable. C'est qu'on sent qu'on n'est pas le même; c'est l'homme nouveau qui se révèle. Le passé n'apparaît que comme l'abîme dont on a été tiré et comme on n'y est plus, on éprouve un véritable bonheur à le considérer. De là, l'espèce de joie que les pécheurs convertis éprouvent à rappeler leurs fautes pour bénir le Dieu qui les a non-seulement pardonnées, mais

(1) *Conf.*, liv. IX, c. VI.

7

détruites. C'était l'objet le plus habituel des conversations de saint Augustin avec sa sainte mère.

« Pendant ces jours, je ne pouvais me rassasier d'un « ineffable bonheur, en considérant la profondeur de vos « desseins, ô mon Dieu, pour le salut du genre humain. » C'est alors qu'il vit l'ensemble de la conduite de la Providence dans sa conversion et dans celle de tous les pécheurs.

C'était Dieu qui depuis quatorze ans surtout avait inspiré ce zèle si ardent et si éclairé à sa sainte mère pour sa conversion. Malgré ses égarements, ses fautes et ses désordres, il l'avait comme dirigé jusqu'au moment où il l'attendait. Quelle bonté, quelle tendresse de la part de Dieu ! Quelle profondeur insondable de vue où tout s'arrange pour le succès quand tout paraît perdu ! Ce sont ces profondes méditations qui ont fait de saint Augustin le docteur passionné de la grâce.

Ce serait un grand bonheur que les notaires connus à Cassiaque nous eussent conservé les conversations de saint Augustin pendant les huit jours de l'Octave avec sa mère, Adéodat, saint Alype et les autres entre les saints offices, dans le repas en particulier donné au parrain. Quelle grandeur la robe blanche, le voile placé sur la tête pour conserver les onctions à l'abri d'un contact profane devaient donner à ce grand orateur qui apparaissait comme dans une transfiguration permanente.

« Oh ! combien de vives émotions je ressentis, combien « de larmes je versais en prêtant l'oreille à ce mélodieux « concert des hymnes et des cantiques qui retentissaient

« au sein de votre église! » L'effet de ces chants était d'autant plus grand, qu'ils étaient établis depuis peu et que l'occasion avait été plus touchante et plus glorieuse. C'était à l'occasion du triomphe que saint Ambroise avait remporté naguère sur l'impératrice Justine lorsqu'elle le faisait assiéger dans le lieu sacré. Pour l'impression, c'est aujourd'hui la première communion qui remplace les cérémonies du baptême d'autrefois. On ne saurait donner trop de solennité à cette fête, qui porte si bien le nom de *plus beau jour de la vie.* Puisque les chants populaires, les cantiques firent tant d'effet sur le génie philosophique de saint Augustin, quel ascendant ne doivent-ils pas avoir sur l'imagination du peuple.

« Pendant que mon oreille était sous le charme de ces
« divins accords, mon cœur était doucement inondé des
« flots si purs de votre vérité, de pieux élans s'en échap-
« paient avec une impétueuse ardeur, mes larmes cou-
« laient par torrents, et c'était un bonheur pour moi de
« les répandre. » On prétend, et la tradition en est très-accréditée, que c'est au milieu de cette émotion surnaturelle, de ces torrents de larmes qui sont un don de la grâce, que saint Augustin s'écria : *Te Deum laudamus, Te Dominum confitemur,* « c'est vous que nous louons, ô mon Dieu, c'est vous que nous proclamons notre souverain. » Saint Ambroise, transporté du même enthousiasme à la vue de tant de bénédictions, mêlant ses larmes à celles de la mère et du fils, répondit : *Te æternum patrem omnis terra veneratur,* « c'est la terre entière qui

vous vénère comme son Père éternel, » étendant à l'univers entier ce qu'Augustin n'avait dit que de lui et de sa famille. A ce cri du divin transport croissant, saint Augustin s'élance jusque dans les cieux et répond à son tour : *Tibi omnes angeli, tibi cœli et universæ potestates, tibi Cherubim et Seraphim incessabili voce proclamant : Sanctus ! Sanctus ! Sanctus ! Dominus Deus sabaoth*, et le dialogue d'enthousiasme religieux se prolongeant créa le *Te Deum*, le plus magnifique chant d'action de grâce que la terre ait jamais entendu.

Le premier *Te Deum* chanté par saint Augustin et saint Ambroise et entendu par sainte Monique au baptême de son fils ! Quel serait donc le ciel s'il est plus beau !

Telle fut la conversion de saint Augustin qui, jusqu'à la fin du monde, sera l'espérance des pécheurs et de leurs mères.

LIVRE SIXIÈME

SAINTETÉ DE LA MÈRE D'AUGUSTIN.

Après avoir raconté son baptême, saint Augustin dit d'un mot que sa mère mourut, et avant d'entrer dans les détails de ses derniers moments, il consacre une partie du Livre IX à faire ressortir la sainteté de sa vie. Nous suivrons l'exemple du grand docteur.

L'accomplissement des devoirs de l'état exigé par saint Paul pour l'élévation d'une veuve à la dignité de diaconesse, l'héroïsme dans la pratique des vertus fondamentales demandées par la cour de Rome pour la canonisation des saints, les œuvres surnaturelles opérées, vont être l'objet d'un premier chapitre. La conversation sur le ciel et la mort rempliront le second, enfin nous terminerons notre œuvre par quelques mots sur le culte rendu par l'Église à la mère de saint Augustin.

CHAPITRE PREMIER.

L'ACCOMPLISSEMENT DES DEVOIRS DE L'ÉTAT DE VEUVE EXIGÉ PAR SAINT PAUL.

Le premier caractère de la sainteté, sans lequel les œuvres ne sont rien, c'est l'accomplissement des devoirs de l'état. C'est par ce point qu'il faut commencer pour juger de la perfection du chrétien.

Voici comment saint Augustin parle de sa mère sur ce point d'après tous les fidèles, et en suivant le plan tracé par saint Paul, pour juger de la sainteté d'une veuve : « Tous « vos serviteurs, ô mon Dieu, qui connaissaient ma mère, « vous louaient, vous honoraient et vous chérissaient beau- « coup à cause d'elle, parce qu'ils sentaient votre présence « dans son cœur en voyant les fruits de sa sainte manière « de vivre. En effet, elle n'avait été mariée qu'une fois, « elle avait acquitté sa dette envers ses parents; elle avait « pieusement gouverné sa maison, elle recevait un bon « témoignage de tout le monde pour ses bonnes œuvres; « elle avait élevé ses fils, éprouvant autant de fois les dou- « leurs de l'enfantement qu'elle les avait vus s'éloigner « de vous. Enfin, pour nous qui avons eu le bonheur de « vivre en communauté avec elle depuis la régénération « par le baptême, jusqu'au moment où elle s'endormit,

« puisque vous permettez à vos serviteurs de vous parler
« du don que vous leur avez fait, elle eut aussi bien soin
« de nous que si elle eût été notre mère à tous; et elle
« nous servait avec autant d'abnégation que si elle eût été
« notre fille à tous. »

Voilà bien le cadre des obligations sur lequel la veuve
devait, d'après saint Paul, être examinée pour que sa
société fût sans reproche et qu'on pût l'admettre à rem‑
plir, dans l'Église, les fonctions alors réservées à son
sexe.

Le premier point, c'est que la veuve n'ait été mariée
qu'une fois. La chasteté est une vertu si grande, qu'elle
tient le premier rang dans les vertus morales. Frappés de
cette vérité, beaucoup d'hérétiques en tirèrent un consé‑
quence exagérée et condamnèrent absolument le mariage.
Ils furent toujours proscrits.

L'Église grecque, prenant un milieu entre cette erreur et
la vérité, a condamné les secondes noces, les déclarant
invalides ou du moins abominables. Quoique moins criant,
c'est encore un excès. Toujours fidèle à la vérité, l'Église
catholique tolère les secondes noces, mais les regarde
comme une preuve d'une propension trop grande vers
l'incontinence, et refuse à ceux qui s'y engagent les hon‑
neurs de la sainteté extérieure. Elle exclut de toute dignité
religieuse. Ainsi, une veuve mariée deux fois ne pouvait
être employée à rien dans la maison de Dieu, ni être
admise au rang des saintes veuves. De même, un veuf en
secondes noces ne peut être promu dans les ordres sacrés.

L'un et l'autre doivent être confondus dans les rangs des plus simples laïques.

Si jamais veuve mérite le titre de sainte à cause de sa pureté, assurément c'est la veuve de Patrice. Quelle chasteté! Non-seulement elle ne se remaria point; mais elle avait été élevée dans un amour tel de la continence, que son plus grand désir eût été de consacrer sa virginité au Seigneur.

Forcée par ses parents d'épouser Patrice, malgré les égarements et par conséquent la tendance de son époux aux violences, aux soupçons jaloux, elle mérita toujours tellement son estime et son admiration qu'elle finit par le gagner au Dieu qui la rendait si chaste.

A peine la mort de Patrice lui eut-elle rendu la liberté, qu'elle n'en usa que pour se consacrer tout entière au Seigneur, dans la conversion de son fils. A partir de ce moment, Dieu fut son époux et elle ne lui demanda qu'une grâce après sa propre sanctification, celle de ses chers enfants. C'est ainsi qu'elle est le plus parfait modèle des saintes veuves.

Le second point sur lequel la veuve doit être scrupuleusement examinée, c'est la manière dont elle a payé de retour l'amour de ses vieux parents. L'apôtre n'entend point seulement parler de la manière dont elle a répondu à l'amour de ses parents dans sa jeunesse; ce qu'il a en vue ce sont les soins qu'elle doit leur donner dans leur vieux jours, même pendant son veuvage, si elle les possède encore, puisqu'il ordonne à la veuve d'apprendre, si elle ne le sait pas encore, à s'acquitter du retour qu'elle doit aux auteurs de ses jours (1).

La pensée de saint Augustin, d'après celle de ce grand apôtre, est donc que sainte Monique soigne ses vieux parents dans leur vieillesse, comme ceux-ci l'avaient soignée dans son enfance. Le vieux langage chrétien appelait l'extrême vieillesse la seconde enfance, c'était vrai alors que les vieillards trouvaient des mères dans leurs filles qui les soignaient avec le respect filial et l'amour maternel : ravissante enfance, plus ravissante maternité ! Maintenant, si les vieillards sont des enfants, ce sont des orphelins sans mère, qu'il faut mettre à l'hopital ou au bureau de charité.

Que sont devenues les femmes chrétiennes !

En parlant des devoirs de la jeune Monique avec ses parents, saint Augustin dit que *sa mère fut plus soumise à ses parents par Dieu, que ses parents ne la lui avaient soumise eux-mêmes.* Parole profonde qui peint d'un trait et la soumission complète de Monique aux auteurs de ses jours, et la source exclusivement religieuse de cette soumission de la part d'un enfant que l'on n'avait pourtant point assez élevé dans la crainte de Dieu.

De quels soins environna-t-elle leur vieillesse ? Saint Augustin ne donne point de détails que tout le monde alors connaissait, se contentant de mettre sa conduite à cet égard au nombre des caractères de sainteté qui faisaient reconnaître à tous la présence de Dieu en elle. Au reste, on peut

(1) Ep. à Timothée, chap. V, v. 4.

juger par la manière dont elle se conduisit avec sa belle-mère, quand elle changea les prétentions les plus violentes en admiration à force de douceur et de dévouement.

Ne peut-on pas dire que sainte Monique fut au moins pour ses vieux parents ce que, d'après saint Augustin, elle était pour tout le monde, et fille et mère, les soignant dans la faiblesse de leurs derniers jours, comme une mère soigne son enfant qui vient de naître, et ayant pour eux la soumission d'une petite fille, dont le respect n'avait fait que s'accroître avec l'âge et l'impuissance de ses parents à se faire autrement obéir.

Heureux parents, ils moururent donc en remerciant Dieu de leur avoir donné une telle fille ! Et sainte Monique leur ferma les yeux après avoir reçu cette dernière bénédiction qui, d'après l'auteur sacré, suit jusqu'à la mort les enfants qui l'ont méritée par leur piété filiale.

Sainte Monique avait traité pieusement sa maison, pour parler comme saint Augustin, point tellement important que saint Paul déclare une veuve qui ne sait pas tenir sa maison, apostate et pire qu'une infidèle. Qu'elle n'eût pas été l'admiration du grand apôtre pour cette femme qui à Thagaste, à Milan, à Ostie, partout, même sur son lit de mort, se fit toujours aimer comme une fille, respecter comme une mère, et obéir comme une souveraine ! Malgré son inaltérable soumission pour Patrice, dont elle se regardait comme l'esclave, pour parler son langage, comme elle sut lui résister quand ce païen voulut élever son fils dans le culte des faux dieux ! Le génie d'une fils comme Augustin devait déconcerter une pauvre mère, dont l'instruction ne paraît point avoir été poussée loin. Mais, quand Augustin entreprit de la rendre manichéenne, avec quelle dignité elle lui répondit que c'était lui qui deviendrait comme sa mère. Elle porta même la dignité si loin avec lui qu'elle ne lui permit pas de s'assoir à table avec elle, lorsqu'elle le vit tombé dans son infâme hérésie. Et ce qui montre jusqu'à quel point elle était respectée, saint Augustin, loin d'en avoir été offensé, rapporte le trait à la louange de sa sainte mère. Et toute cette autorité elle ne l'exerçait que pour Dieu !

Aussi sainte Monique eut-elle le bonheur unique de voir toute sa maison se convertir, et, en général, tous ceux qui ont vécu avec elle et subi son influence se sont convertis et sont morts en odeur de sainteté. Elle mérite ainsi la plus grande gloire à laquelle une maîtresse de maison puisse aspirer.

La femme ne doit pas se contenter de bien tenir sa maison. Sa vertu doit non-seulement être à l'abri de tout soupçon ; mais il faut qu'elle obtienne un bon témoignage de tout le monde pour ses bonnes œuvres. Qui n'a pas rendu bon témoignage à sainte Monique? Sans parler de toute sa maison qu'elle a convertie, les épouses de Thagaste qui venaient d'abord la consulter sur leurs peines et la remercier lorsqu'elles avaient suivi ses conseils et avouer leurs torts lorsqu'elles les avaient méprisés, ne lui rendaient-elles par le meilleur témoignage possible?

Mais le témoignage qui surpasse et vaut tous les autres,

c'est celui de saint Ambroise qui félicitait non pas Monique d'avoir un tel fils, mais Augustin d'avoir une telle mère. Cette grande lumière de l'Église avait une telle admiration pour les bonnes œuvres que cette sainte femme accomplissait tous les jours, qu'il ne pouvait s'empêcher d'éclater en exclamations de louanges quand il rencontrait son fils dont il ne pouvait se lasser d'envier le bonheur.

Le dernier point sur lequel saint Paul veut qu'une veuve soit jugée, c'est la bonne éducation de ses enfants. Point d'excuse! Si vos enfants sont pécheurs, c'est à vous de les convertir! Je ne puis pas, direz-vous! Et vous pouvez vivre, sans consacrer à cette œuvre tous vos efforts jusqu'au dernier soupir! Vous êtes jugée. C'est ici le triomphe de sainte Monique : Tous les autres disparaissent devant celui-là; ou plutôt tous les autres n'ont été que pour le préparer.

Sainte Monique a eu des filles; mais saint Augustin ne parle que des fils, tant les difficultés sont plus grandes pour eux! Ils étaient au moins deux réunis à Milan, puis à Ostie. Tous les deux avaient donné des craintes à leur mère, puisque saint Augustin associe son frère à ses égarements. Pauvre mère, qu'elle a souffert! « C'était les « douleurs de l'enfantement, dit saint Augustin, toutes « les fois qu'elle les voyait s'éloigner de vous, Seigneur. » Aussi ce furent les joies maternelles dans leurs plus purs et plus délicieux transports lorsqu'elle les vit affermis enfin dans la vie.

Heureuse mère, tous ses enfants ont été des saints; sur trois, deux consacrés à Dieu, Augustin et sa sœur, l'autre, Navige, laissant une sainte postérité. Sois fière et heureuse, noble mère, ton nom ne périra pas, il y a encore dans le monde entier des Augustins et des Augustines.

Enfin, l'auteur des *Proverbes* dit que les enfants de la femme forte se lèveront et la loueront à sa mort; qu'il est touchant de voir l'illustre fils de Monique clore tous les témoignages par le sien et ceux des membres de sa maison. « Enfin, s'écrie-t-il dans un passage que nous ne pouvons « nous lasser de répéter, elle eut un tel soin de nous « tous qui vivions ensemble après la régénération du « baptême, qu'on eût dit qu'elle était notre mère, et cepen- « dant elle était si remplie de déférence qu'on eût dit « qu'elle était notre fille. »

Heureuse mère ! Heureux fils !

L'accomplissement des devoirs de l'état suffisait pour faire admettre la veuve au service de l'Église. Pour placer son image sur les autels, il faut, d'après la cour de Rome, l'héroïsme dans la pratique des vertus.

Les deux grandes vertus chrétiennes c'est l'abnégation de soi ou l'humilité et l'amour de Dieu. La pratique sincère de ces deux vertus, mères de toutes les autres, conduit au ciel; mais pour mériter les honneurs de la sainteté sur la terre, cette pratique doit avoir été portée à l'héroïsme, c'est-à-dire à ce degré où l'homme vertueux embrasse la mort avec amour plutôt que de porter la moindre atteinte à ces vertus.

Les premiers saints sont les martyrs. Aussi portent-ils dans leurs mains la palme de la victoire par excellence. Leur titre c'est leur mort. Et lorsque dans les catacombes on trouve la fiole de sang que l'on plaçait dans le tombeau des martyrs, on n'en demande pas plus : c'est un saint. Heureux donc ceux qui sont morts pour le Seigneur!

Pour ceux qui n'ont pas eu l'occasion de son bonheur, le désir suffit; mais il faut que l'héroïsme avec lequel ils ont pratiqué l'humilité et la charité prouve clairement qu'ils eussent été heureux de mourir pour Dieu. Alors leur gloire n'est pas moins grande. La mort ne dure qu'un moment, mais le martyr de la pratique assidue de la vertu pendant toute la vie dure de longues années.

Quoi de plus héroïque que l'humilité de Monique! Dans toute sa vie, on ne voit pas un mouvement d'amour-propre. Elle fait en tout abstraction d'elle-même. Cependant que d'occasions où son orgueil est blessé! Une inférieure, une esclave perverse, par méchanceté pour se venger de blâmes trop mérités que lui adressait la jeune Monique, lui reprocha de boire avec excès. Quel coup pour l'amour-propre! Monique le ressent-elle? Pas le moins du monde. Le fait était vrai quoiqu'elle le crut caché, comme c'est l'ordinaire des personnes du sexe. Elle l'avoue et se corrige! C'est peut-être à ce premier acte d'humilité qu'elle a dû la sanctification de sa vie.

La voilà dans la maison d'une belle-mère qui, assurément, lui était bien inférieure en mérite. Sur les rapports d'esclaves viles et ne pensant qu'à se faire bien voir, cette belle-mère conçoit les soupçons les plus odieux contre sa belle-fille et la prend en horreur. Quoi de plus blessant pour l'amour-propre le plus légitime? Monique se plaint-elle? Du moins en elle-même méprise-t-elle sa belle-mère et lui rend-elle haine pour haine? Au contraire, elle rend le bien pour le mal, et à force de tendresse elle triomphe des préventions les plus difficiles à vaincre, les préventions d'une belle-mère contre sa belle-fille! Cette victoire est rare, très-rare dans l'histoire de la vie domestique.

Était-elle fière de sa dignité d'épouse en face de son mari? Elle disait avec grâce qu'en entendant lire son contrat de mariage, elle avait cru entendre lire un contrat de vente. Malgré les mauvais traitements, suite des infidélités les plus odieuses, toujours la plus inaltérable soumission. Et cependant ce n'était pas de la servilité, témoin la manière dont elle maintint l'intégrité de ses droits de mère chrétienne dans l'éducation de son fils. Pour qui sait apprécier la vie, que d'héroïsme dans cette abnégation!

Un trait, qui paraît tout simple, qu'admire cependant saint Augustin et que tout homme d'expérience admirera après lui, c'est la manière dont sainte Monique renonce à Milan à l'usage de porter des offrandes sur les tombeaux des martyrs. Comme elle entrait à l'église de saint Ambroise, avec une corbeille pleine de pain, de gâteaux et de vin, une partie pour les pauvres, et l'autre pour elle, selon l'usage après l'offrande, le portier l'arrête en lui disant que l'évêque le défend. Elle s'en retourne en étant la première à convenir que cet usage pouvait avoir des abus. Pour qui connaît l'obstination de certaines femmes pieuses, ce fait porte le cachet de la vraie humilité. Combien c'est préférable à des prostrations fixées par le règlement !

Saint Augustin n'avait observé dans cette belle vie qu'un point où sa mère avait paru se rechercher, et combien il était légitime ! Elle avait toujours témoigné le désir d'être inhumée à côté de son mari qu'elle avait tant aimé malgré ses défauts et qu'elle avait eu le bonheur de gagner à Dieu. Assurément, il fallait avoir bien peu à reprendre dans une vie si longue et si variée pour s'arrêter à cela. Eh bien, sainte Monique finit par se vaincre là comme ailleurs. Lorsqu'elle fut sur le point de rendre son âme à Dieu, son second fils lui parla de la résolution de la reporter en Afrique : « A cette parole, dit saint Augustin, Monique répondit par un visage sévère et se tournant vers Augustin, elle lui dit : Que dit-il là ? Et un moment après elle dit à tous les deux ensemble : Déposez ce corps n'importe où. Que ce soin ne vous trouble en rien. Je ne vous demande qu'une chose, de vous souvenir de moi à l'autel du Seigneur n'importe où vous serez. »

A ce mot prononcé au moment sacré de la mort, à la vue de cet héroïsme de l'abnégation, saint Augustin se recueillit pour rendre grâce à Dieu de voir ainsi sa mère arrivée au sommet de la perfection avant de mourir.

Et cette abnégation c'était par amour pour Dieu. Quel héroïsme dans cet amour ! Assurément on ne peut mettre en doute son affection pour son fils ; mais dès qu'elle le vit coupable, elle ne put l'admettre à sa table. Elle le faisait servir à part.

La seule douleur que lui causât son fils c'est qu'il offensait Dieu ; il ne fallait pas davantage pour lui faire verser des larmes continuelles jusqu'au moment de la conversion. Saint Augustin ne pouvait pas s'empêcher d'être attendri lorsqu'il reconnaissait, aux larmes qui la mouillaient, la place où elle avait prié pour lui.

Elle ne recule devant rien. Si les tempêtes et tous les dangers de la mer effraient les hommes qui ne sont point nés marins, quelle terreur doivent-ils causer aux femmes? Cependant sainte Monique n'hésite point à se confier seule au plus terrible élément. Et au milieu d'une tempête cette héroïne de l'amour de Dieu inspirait le courage aux passagers et même aux marins.

Qu'on ne dise point que c'était pour jouir ici-bas du bonheur de voir son fils ramené par elle. A peine est-il converti qu'elle ne pense qu'à mourir. Son fils veut prier pour sa guérison, elle s'y oppose. Quel héroïsme d'amour pour Dieu! Quoi, au moment où elle est arrivée au comble d'un bonheur, acheté par tant de sacrifices, elle peut consentir à mourir! Non-seulement elle le peut, mais elle le veut. C'est qu'en tout elle n'a vu que Dieu et aimé que Dieu. Elle a réussi à le faire aimer sur la terre par tous ceux qui lui ont été donnés. Comme le Sauveur sur la croix, elle dit : tout est consommé, et elle s'envole d'amour dans le sein de Celui qu'elle a toujours cherché et désiré en tout.

Sans doute cette belle vie a des taches, mais qui viennent

des défauts de l'éducation première et dont sainte Monique n'est point responsable. Et ces imperfections ne servent qu'à faire éclater l'héroïsme avec lequel sainte Monique s'est constamment combattue, vaincue, subjuguée, jusqu'à ce qu'enfin elle ait été si parfaitement soumise à Dieu que son fils, assurément bon juge en cette matière, ne pouvait mettre de limites à son admiration.

En général, l'héroïsme des vertus ne suffit pas pour mériter les honneurs de la canonisation ; il faut l'empreinte visible de l'action de la grâce.

D'après saint Augustin, tout portait dans Monique le caractère de la vie surnaturelle. Et, selon ce témoin fidèle, tous ceux qui étaient en rapport avec sa mère étaient frappés de cette vérité, saint Ambroise tout le premier. C'était le surnaturel passé à l'état naturel et continu. Non-seulement sainte Monique croyait et ne vivait que de la vie de la foi, comme le juste de Dieu ; mais elle voyait.

Dieu se communiquait souvent à cette âme toute céleste d'une manière sensible, comme on l'a vu dans la suite de sa vie. Saint Augustin était si convaincu de cette vérité, même avant sa conversion, malgré son incrédulité, qu'il priait souvent sa mère d'obtenir des révélations du ciel sur l'issue future de certaines déterminations, en particulier sur celle du mariage qu'il projetait à Milan.

Sainte Monique n'était point un de ces esprits faibles qu'on serait tenté d'abord de classer parmi les visionnaires. C'était une femme vraiment forte qui avait un tact spirituel, exquis, pour distinguer ce qui venait de Dieu d'avec les illusions dont les personnes pieuses peuvent être le jouet. D'abord sa soumission complète aux décisions de ses supérieurs ecclésiastiques la mettait à l'abri de toute surprise à cet égard. Aussi ne croyait-elle point facilement aux communications ordinaires, et ne donnait sa confiance qu'à celles qui se manifestaient comme par un goût délicieux qui venait de Dieu.

Tels sont les caractères de la sainteté qui se manifestèrent graduellement dans la vie de sainte Monique, et spécialement depuis le baptême de son fils.

CHAPITRE II.

MORT DE SAINTE MONIQUE.

Voir Rome et puis mourir, disaient nos pères dans leur admiration pour la capitale du monde ! Te voir catholique fidèle et puis mourir, disait sainte Monique à son fils. Saint Augustin était baptisé, sa mère n'avait plus qu'à s'en aller au ciel. Saint Augustin est tellement sous l'empire de cette pensée, qu'il omet tout ce qui se passa depuis son baptême à Milan jusqu'à la mort de sa mère à Ostie, où ils se reposaient du voyage par terre avant de s'exposer aux fatigues de la mer.

La plus grande chose de la vie est de mourir à point. Sainte Monique eut ce bonheur. Sans doute il y avait un plan magnifique de vie en société, comme on l'avait rêvé avant le baptême ; mais sainte Monique était devenue trop grande par la conversion de son fils pour vieillir dans une sainteté commune. Sa place n'était plus qu'au ciel ; elle le comprenait, et, malgré sa douleur, son fils le comprenait aussi.

La mort du juste est toujours belle ; mais l'histoire ne connaît pas une mère dont la mort ait été aussi heureuse, de ce bonheur noble qui ne peut se trouver que dans les grandes âmes et dans les circonstances les plus exceptionnelles. Sainte Monique mourait de bonheur, voulait mourir et mourait comme elle le voulait, ne laissant rien derrière elle de contraire à sa volonté, et voyant tous ses vœux dépassés. Aussi sa mort fut-elle une fête; c'est que sainte Monique était littéralement une personne de l'autre monde, retenue malgré elle dans celui-ci pour l'affaire si importante de la conversion de son fils, après laquelle elle ne voyait pas le moment de jouir de son triomphe en entrant au ciel.

Depuis le baptême de saint Augustin, la vie de sainte Monique n'avait été qu'une suite d'extases, d'après les légendes. Son fils n'en rapporte qu'une qu'il eut le bonheur de partager, et qu'il est seul capable de raconter :

« Peu de temps avant le jour où elle devait quitter ce
« monde, dit-il, jour que nous ignorions et que vous seul
« connaissiez, il arriva, sans doute par un effet du secret
« de votre providence, qu'elle et moi nous nous trouvâmes
« seuls appuyés à une fenêtre d'où nous avions vue sur le
« jardin intérieur de la maison que nous habitions à Ostie,
« et dans laquelle nous vivions éloignés de la foule, pour
« nous reposer des fatigues d'une longue route et nous
« préparer à la navigation. Là, seuls et sans témoins, nous
« goûtions d'ineffables douceurs à nous entretenir en-
« semble. Oubliant le passé pour ne songer qu'à l'avenir,
« nous cherchions entre nous, en nous aidant des lumières
« de cette vérité qui est vous-même, quelle devait être
« cette vie éternelle des saints, que l'œil de l'homme n'a
« point vue, que son oreille n'a point entendue et que son

« cœur n'a point ressentie, la bouche du cœur ouverte
« pour recevoir d'en haut cette source de vie qui est en
« vous, afin qu'après nous y être abreuvés autant qu'il
« était en nous, nous puissions nous élever de quelque
« manière à l'intelligence de si grandes vérités.

« Comme notre entretien nous avait conduits à cette
« conclusion que les plaisirs des sens, quelque vifs et
« séduisants qu'on les suppose, non-seulement ne peuvent
« soutenir la comparaison avec les délices de cette autre
« vie, mais ne méritent pas même qu'on en tienne compte,
« nous nous sentions enflammés et nous nous élevions
« avec une ardeur croissante vers ces suprêmes félicités,
« dépassant l'une après l'autre tous les objets matériels,
« jusqu'au ciel lui-même, d'où le soleil, la lune et les
« étoiles répandent leur lumière sur le monde. Puis, nous
« allions toujours, nous enfonçant plus avant encore dans
« ces profondeurs, continuant de penser à vous, de parler
« de vous et d'admirer vos ouvrages. Arrivés à nos âmes,
« nous nous élevions encore pour atteindre cette région de
« l'abondance inépuisable où vous rassasiez éternellement
« Israël du pain de la vérité, où la vie est la sagesse par
« laquelle a été fait tout ce qui a été et qui sera, et qui
« n'est point créé, mais est telle qu'elle a été et qu'elle sera
« toujours. Que dis-je ! le passé et l'avenir ne sont point
« en elle ; mais le seul présent, parce qu'elle est éternelle ;
« car avoir été et devoir être n'est point éternel. Et pen-
« dant que nous parlions d'elle et y aspirions, nous la tou-
« châmes légèrement par l'élan suprême de notre cœur.

« Alors nous soupirâmes et y laissâmes attachés les pré-
« mices de notre esprit, et retombâmes dans le bruit de la
« voix dans la parole qui commence et finit. En quoi res-
« semble-t-elle à votre parole, Notre-Seigneur, qui de-
« meure en soi sans vieillir et rajeunit tout (1)? »

Jamais l'aigle de Pathmos ne prit un vol plus sublime
pour s'élever des basses régions des sens jusqu'au sein de
Dieu! Depuis longtemps non-seulement sainte Monique,
mais saint Augustin s'étaient pénétrés de cette vérité, que
les plaisirs des sens non-seulement ne sont point compa-
rables au bonheur du ciel, mais ne sont rien auprès. Dès
Cassiaque, saint Augustin avait écrit l'admirable chapitre X du premier livre des *Soliloques,* où sa raison, avec
laquelle il converse, lui dit : « Aimes-tu les honneurs? —
« J'avoue qu'il n'y a que peu de jours que j'ai cessé de
« les désirer. — Une épouse? Est-ce que par moment tu
« ne te plais pas à t'en figurer une belle, pudique, réglée,
« lettrée, au moins telle que tu pusses l'instruire; appor-
« tant seulement assez de dot, puisque tu méprises les
« richesses, pour ne pas être à charge à ton repos, surtout
« si tu espérais, de manière à en être certain, qu'elle ne
« te causerait jamais de chagrin? — A cela, saint Augustin
« répond d'abord : Qu'il a résolu de renoncer à ces volup-
« tés. Mais sa raison insiste: Je ne te demande pas ce que
« tu as résolu ; mais si tu n'es point tenté et si tu as
« pleinement vaincu la volupté. — Je ne cherche rien, je

____

(1) *Conf.*, liv. IX, ch. x.

« ne désire absolument rien de semblable. Même je ne me
« le rappelle qu'avec horreur et mépris (1). »

Le point de départ est donc bien établi. Mais comme ces
deux grands génies s'élèvent de ces basses régions, et que
leur course est lumineuse ! Ils *dépassent* rapidement *l'un
après l'autre tous les objets matériels, jusqu'au ciel lui-
même.* Vous croyez qu'à l'instant ils vont arriver au sein
de Dieu? Non ! Que trouvent-ils donc? Leur âme! Comme
ils durent admirer leur âme, la trouvant à cette hauteur!
De là plus d'intermédiaire, mais un espace immense jusqu'à cette région où l'aliment est la vérité, et la vie est la
sagesse incrée. Et quelle est sa nature? L'Être. L'Être absolu, sans passé, sans avenir.

Arrivés là, leur bouche n'a plus d'expression. Il n'y a
plus qu'un soupir : c'est l'extase. Et encore ils n'y arrivè-
rent pas! Ils ne firent que la toucher par une extrémité,
grâce à l'élan suprême de toutes les forces de leur cœur.
Mais, dans le contact, leur esprit s'y attacha si fortement
qu'il y laissa ses prémices enchaînées pour les retrouver
dans l'éternité. Les prémices de leur esprit restèrent dans
les cieux !

Le reste redescendit à cette région *du bruit de la bouche
humaine, où commence et où finit la parole. Mais quelle
différence avec la parole substantielle de Dieu* lorsqu'on
l'a entendue. La parole humaine va pourtant bien haut
puisqu'elle a pu exprimer de tels sentiments.

(1) *Soliloques,* liv. I, ch. **x.**

Lorsque sainte Monique fut redescendue avec son fils dans cette région où on est comme étourdi par le bruissement de la parole humaine : « Nous disons, continue le « sublime historien, si le tumulte de la chair faisait silence, « si les fantômes de la terre, des eaux et des airs se tai- « saient; si l'âme elle-même se taisait au point de ne pas « même s'entendre elle-même; si tous les songes, si toutes « les images de l'esprit, si toute langue, si tout signe, si « tout ce qui se fait en passant se taisaient autour d'une « âme; car, si on les écoute, toutes ces choses disent : Ce « n'est pas nous qui nous sommes faits; nous sommes « l'ouvrage de Celui qui demeure éternellement; si après « ces témoignages, si après avoir prêté notre oreille à « leur auteur elles se taisaient, et qu'il parlât seul, non « par ses créatures mais par lui-même, de manière à ce « que nous entendissions sa parole, non par la langue de « la chair, ni par la voix d'un ange, ni par le bruit d'une « nuée, ni par une apparition énigmatique, mais par lui- « même que nous aimons dans tous ces êtres, par lui- « même encore une fois sans ces intermédiaires, comme « nous venons de le faire en nous étendant et en nous élan- « çant, par le mouvement passager de notre pensée, jus- « qu'à la sagesse éternelle immobile au-dessus de tout; si « ce moment se perpétuait, et que toutes les autres visions « d'un ordre infiniment inférieur disparussent, et que « celle-là seule enlevât, et abordât, et renfermât le specta- « teur dans l'abîme de ses joies, au point que la vie éter- « nelle fût semblable à ce moment de simple vision où

7*

« nous avons perdu la voix ; n'est-ce pas là le : Entre dans
« la joie de ton maître (1) ? »

Quelle élévation de pensée et de langage ! comme les
paroles suivent les sentiments jusqu'à la dernière limite de
l'expression humaine ! Puis comme on les suit jusqu'au
sanctuaire de l'éternelle sagesse qui ne se fait entendre que
dans le silence absolu de tout ce qui n'est immuable ! Voilà
le chant du cygne chrétien ! On sent que le ciel va
s'ouvrir.

« Tel est ce que nous disions, continue saint Augustin,
« pour le fond, sinon dans les mêmes termes et dans les
« mêmes mots. Mais vous savez, Seigneur, que dans ce
« jour, lorsque nous parlions ainsi, et que le monde avec
« ses plaisirs nous paraissait aussi vil que les paroles, ma
« mère me dit : Mon fils, pour moi, désormais rien ne me
« plaît plus dans cette vie ! Que ferai-je encore, et pourquoi
« y suis-je ? Je n'en sais rien ; toute mon espérance étant
« déjà comblée pour ce siècle. Il n'y avait qu'un point qui
« me faisait désirer de m'arrêter un peu dans cette vie :
« c'était de te voir chrétien catholique avant de mourir.
« Dieu me l'a donné avec surabondance, puisque je te sais
« mépriser les félicités terrestres au point de te constituer
« son esclave. Que fais-je ici ? A cela que répondis-je ? Je
« ne me le rappelle pas assez (2) ? »

Vous ne vous le rappelez point, grand docteur, parce que

(1) *Conf.*, liv. IX, ch. x.
(2) *Conf.*, ch. x-xi.

vous n'avez rien dit, ou que vous n'avez fait que balbutier, car il n'y avait rien à dire, au moins pour retenir votre mère. Pour vous, c'était différent : il vous reste une tâche immense à remplir : ramener vos amis que vous avez égarés, sauver les enfants que Dieu vous destine à Hyppone, comme votre mère vous a sauvé ; puis aller la rejoindre, lorsque vous aurez rempli votre tâche comme elle.

Évidemment, il ne restait à sainte Monique qu'à mourir, ce qui arriva quatorze jours après : le temps de donner au monde le spectacle de la mort d'une sainte mère. Écoutons dans un religieux silence le récit de cette grande scène par le fils qui assista sa mère et lui ferma les yeux.

« A peine cinq jours après, ou peu de plus, ma mère fut
« mise au lit par la fièvre. Pendant la maladie, elle éprouva
« un jour une faiblesse, et son âme perdit totalement la
« connaissance de ce qui l'environnait. Nous accourûmes.
« Mais un moment elle reprit ses sens, et nous vit debout,
« mon frère et moi, et nous dit, comme demandant un
« renseignement : Où étais-je ? Puis remarquant notre
« saisissement de douleur : Vous déposerez votre mère ici,
« dit-elle. Moi, je gardais le silence et comprimais mes
« pleurs ; mon frère dit quelques paroles, renfermant le
« désir de la voir mourir plus heureusement dans sa patrie
« que sur la terre étrangère. L'ayant entendu, ma
« mère lui fit sentir par son visage sévère et par son
« regard qu'elle réprouvait de tels sentiments ; puis me
« regardant elle me dit : Vois ce qu'il dit ! Puis, à tous

« deux : Déposez, dit-elle, ce corps n'importe où. Que ce
« soin ne vous préoccupe point. Je vous demande seu-
« lement de vous souvenir de moi à l'autel du Seigneur
« où vous serez. Après avoir expliqué cette pensée
« comme elle put, elle se tut, pressée par le mal qui aug-
« mentait. »

« Pour moi, ô Dieu invisible, en méditant sur les dons
« de votre grâce que vous répandez dans le cœur de vos
« fidèles pour y produire des fruits si merveilleux, je
« soulageai ma douleur et je vous remerciai. Je me rappelais
« quelle ardente sollicitude ma mère avait toujours mise
« à s'occuper de sa sépulture, au point qu'elle s'était même
« préparé un tombeau près de celui de son mari. Comme
« ils avaient vécu dans une grande union, elle voulait, tant
« l'esprit humain est fermé aux choses du ciel, mettre le
« comble à ce bonheur, en attestant à la postérité par un
« monument qu'après avoir été séparés par la mer, la
« cendre des deux époux était recouverte par la même
« terre. Depuis quand la plénitude de votre bonté avait-
« elle fait disparaître cette vanité de son cœur? je l'ignorais,
« et je me réjouissais avec étonnement qu'elle me l'eût
« ainsi fait connaître; quoique dans notre conversation
« de la fenêtre, elle me dit : Que ferais-je désormais ici?
« elle ne m'eût point témoigné le désir de mourir dans sa
« patrie. Dans la suite j'ai même appris que depuis notre
« arrivée à Ostie, elle parlait un jour devant quelques
« amis, dans mon absence, du mépris de cette vie et du
« bonheur de mourir avec une familiarité toute mater-

« nelle. Ils étaient stupéfaits de la grandeur que vous
« aviez donnée à cette femme, ô mon Dieu, et comme ils
« lui demandaient de laisser son corps si loin de son
« berceau : Rien, dit-elle, n'est loin de Dieu. Il n'y a pas
« à craindre qu'à la fin des temps il ne puisse trouver
« où me ressusciter (1). »

Ce n'est donc qu'au dernier moment que sainte Monique
atteignit le plus haut degré de sainteté, comme ces fruits
délicieux qui, au moment où ils arrivent au point de la
parfaite maturité, se détachent et tombent dans la main
du maître qui les cueille. En inclinant la tête pour s'en-
dormir sous l'aile du Seigneur, dans les bras de son fils,
elle put donc dire avec le divin Maître : Tout est consommé.
Et chose admirable pour Augustin, le moment de la mort
de sa mère fut celui où il éprouva pour elle le plus d'admiration. « Ce fut le neuvième jour de sa maladie, la cin-
« quante-sixième année de sa vie, et la trente-troisième
« de celle de son fils, que cette âme religieuse et pieuse
« fut déliée de son corps (2). »

Tels sont les détails que saint Augustin a cru dignes de
la postérité sur sa mère. Ce sont les grandes lignes de la
sainteté qu'il ne faut pas voiler en les chargeant des détails
vulgaires de toutes les morts.

Assistons maintenant à la douleur des saints qui restent
sur la terre.

(1) *Conf.*, liv. IX. chap. XI.
(2) *Conf.*, liv. IX, chap. XI.

« Pendant que je fermais les yeux de ma mère, une
« immense tristesse s'empara de mes entrailles, qui se
« confondaient en larmes. Et cependant mes yeux, par
« un violent empire de mon âme, les réprimaient au point
« de demeurer secs ; et dans cette lutte je souffrais horri-
« blement. Dès que ma mère eût rendu le dernier soupir,
« Adéodat poussa des cris de douleur, comme un enfant.
« Arrêté par tous nos efforts, il se tut. Hélas ! j'étais aussi
« enfant que lui et mon cœur qui se fondait en larmes ne
« se taisait que de force. Nous pensions qu'il ne convenait
« point de célébrer des telles funérailles par des plaintes,
« des larmes et des gémissements, qui annoncent pour
« l'ordinaire que l'on croit les morts malheureux ou
« même anéantis. Pour ma mère elle ne mourait point
« malheureuse et elle ne mourait point tout entière : nous
« en avions pour garants et ses mœurs et la sincérité de sa
« foi et des preuves certaines.

« D'où me venait donc cette douleur poignante, sinon
« de la plaie que venait de m'occasionner la rupture de
« cette habitude si douce de vivre avec ma mère ? Je me
« félicitais, il est vrai, du témoignage qu'elle m'avait rendu
« dans sa dernière maladie, lorsquelle me remerciait de
« mes soins empressés, en m'appelant son fils. Mais, ô
« mon Dieu qui nous avez créés, les devoirs respectueux
« que je lui rendais pouvaient-ils être comparés aux soins
« maternels qu'elle m'avait prodigués ? Aussi, fut-ce pour
« mon cœur une bien cruelle blessure de se voir arracher
« tout à coup une si grande consolation. Il me semblait

« que ma vie se déchirait en moi, cette vie si intimement
« confondue avec la sienne, que les deux n'en faisaient
« qu'une.

« Lorsque l'enfant eût cessé ses cris, Evode prit un
« psautier et se mit à chanter un psaume, et toute la
« maison lui répondit en chœur : « Seigneur, je vous
« chanterai la miséricorde et la justice (1). » Au bruit de
« ce qui se passait dans notre demeure un grand nombre
« de fidèles et de femmes pieuses y accourent. Pendant
« que les personnes chargées des soins des funérailles
« s'acquittaient de leur ministère, je me dérobais par bien-
« séance et me retirais avec ceux qui n'avaient pas cru
« devoir m'abandonner, pour nous entretenir de notre
« douleur. Sa vérité était comme un baume salutaire pour
« les tortures que vous connaissiez, vous, ô mon Dieu,
« mais que ne soupçonnaient pas ces amis qui me prê-
« taient une oreille si attentive, persuadés que je n'étais
« en proie à aucun sentiment douloureux (2), mais moi,
« à votre oreille, où nul d'eux ne pouvait entendre, je
« gourmandais la mollesse de mes sentiments et je fermais
« le passage au cours de mon affliction, et elle me cédait
« un peu, sans toutefois forcer la barrière des larmes, le
« calme du visage ; seul, je savais tout ce que je refoulais
« dans mon cœur. Et comme je m'en voulais de laisser
« tant de prise sur moi aux accidents humains, cette

(1) Psaumes, Cant., v, 2.
(2) *Confess.*, livre IX, ch. XII.

« fatalité de votre justice et de notre misère, ma douleur
« elle-même était une douleur ; j'étais livré à une double
« agonie. »

« Le corps porté à l'église, j'y vais, j'en reviens, sans une
« larme, pas même à ces prières que nous versâmes au mo-
« ment où l'on vous offrit pour elle le sacrifice de notre
« rédemption, alors que le cadavre est déjà penché sur le
« bord de la fosse où on va le descendre. A ces prières
« même, pas une larme ; mais, tout le jour, ma tristesse
« fut secrète et profonde, et l'esprit troublé, je vous deman-
« dais, comme je pouvais, de guérir ma peine, et vous ne
« m'écoutiez pas, afin, sans doute, que cette seule épreuve
« achevât de graver dans ma mémoire quelle est la force
« des liens de la coutume sur l'âme même qui ne se
« nourrit plus de la parole de mensonge.

« J'imaginai d'aller au bain, ayant appris qu'ainsi les
« Grecs l'avaient nommé, comme bannissant les inquiétudes
« de l'esprit. J'y vais, et je le confesse à votre miséricorde,
« ô Père des orphelins, j'en sors tel que j'y suis entré. Il
« n'avait point fait transpirer l'amertume de mon cœur.

« Et puis je m'endormis, et, à mon réveil, je sentis ma
« douleur bien diminuée ; et, seul au lit, je me rappelai ces
« vers de votre Ambroise, que je sentais si véritables :

« O Dieu créateur, modérateur des cieux, qui jetez sur
« le jour le splendide manteau de la lumière, répandez sur
« la nuit les grâces du sommeil ; afin que le repos rende
« au labeur ordinaire les membres épuisés, soulage les fati-
« gues de l'esprit, et brise le joug inquiet de l'affliction ! »

« Et peu à peu je rentrais dans mes premières pensées
« sur votre servante, et me rappelant son pieux amour pour
« vous, et pour moi cette tendresse prévenante et sainte qui
« tout à coup me manquait, je goûtai la douceur de pleurer
« en votre présence sur elle et pour elle, sur moi et pour
« moi. Et je donnai congé à mes pleurs, jusqu'alors rete-
« nus, de couler à loisir ; et, soulevé sur ce lit de larmes,
« mon cœur trouva du repos, entendu de vous seul, et
« non pas d'un homme juge superbe de ma douleur.

« Et maintenant, Seigneur, je vous le confesse en ces
« lignes. Lise et interprète à son gré qui voudra. Et celui-
« là s'il m'accuse comme d'un péché, d'avoir donné à peine
« une heure de larmes à ma mère, morte pour un temps
« à mes yeux, ma mère qui m'avait pleuré tant d'années
« pour me faire vivre aux vôtres, qu'il se garde de rire,
« mais que plutôt, s'il est de grande charité, lui-même
« vous offre ses pleurs pour mes péchés, à vous, Père de
« tous les frères de votre Christ. »

Telle fut la mort de sainte Monique racontée par son
fils reconnaissant. Ces pages sont précieuses sous tous les
rapports. Elles nous montrent les sentiments d'un philosophe antique nouvellement converti, le principe de l'Office
des Morts dans ce chant des psaumes en présence du corps.

Le sacrifice de la messe, célébré sur le bord même de
la tombe a quelque chose de primitif qui émeut profondé-
ment. Cette lutte dans saint Augustin entre les pensées de
la foi et les sentiments de la nature, ces larmes, qu'il combat, qu'il se reproche, qu'il laisse enfin couler en secret,

et qu'il avoue dans ses Confessions avec une certaine crainte d'encourir le ridicule ont quelque chose de si naïf et de si vrai, qu'on est heureux de se retrouver tout entier dans cette scène.

Sans doute, il manque quelques détails à ce grand tableau ; mais ne diminuons pas l'élévation de la perspective de ce monument en mettant au pied les mesquines constructions des détails vulgaires,

CHAPITRE III.

DIFFÉRENCE DE LA CONDUITE DE SAINT AUGUSTIN
ET DE LA POSTÉRITÉ ENVERS SAINTE MONIQUE.

La piété filiale a porté saint Augustin à prier la postérité
d'intercéder pour sa mère; et l'admiration a porté la postérité à prier sainte Monique, d'intercéder pour elle. Et
l'Église, en admirant la conduite du fils, a ratifié la foi de la
postérité.

Voici comment le fils de Monique paie à sa mère
la dette de la piété filiale. « Maintenant que mon cœur est
« guéri de cette blessure que l'affection charnelle rendait
« peut-être trop vive, je répands devant vous, mon Dieu,
« pour cette femme, votre servante, de bien autres pleurs;
« pleurs de l'esprit frappé des périls de toute âme qui
« meurt en Adam. Il est vrai que, vivifiée en Jésus-Christ,
« elle a vécu dans les liens de la chair de manière à glori-
« fier votre nom par sa foi et ses mœurs; mais toutefois,
« je n'oserais dire que, depuis que vous l'eûtes régénérée
« par le baptême, il ne soit sorti de sa bouche aucune
« parole contraire à vos préceptes. Et n'a-t-il pas été dit
« par la Vérité, votre Fils : Celui qui appelle son frère
« insensé est passible du feu. Et malheur à la vie même
« exemplaire, si vous la scrutez dans l'absence de la misé-

« ricorde. Mais comme vous ne recherchez pas nos fautes
« à la rigueur, nous avons le confiant espoir de trouver
« quelque place dans votre indulgence. Et d'autre part,
« quel homme, en comptant ses mérites véritables, fait
« autre chose que de compter vos dons? Oh ! si les hommes
« se connaissaient, comme celui qui se glorifie se glori-
« fierait dans le Seigneur !

« Ainsi donc, ô ma gloire ! ô ma vie ! ô Dieu de mon
« cœur ! mettant à part ses bonnes œuvres, dont je vous
« rends grâces avec joie, je vous prie à cette heure pour
« les péchés de ma mère ; exaucez-moi, au nom du Médecin
« suspendu au bois infâme, qui, aujourd'hui, assis à votre
« droite, sans cesse intercède pour nous. Je sais qu'elle a
« fait miséricorde, et de toute son âme remis la dette aux dé-
« biteurs. Remettez-lui donc la sienne ; et, s'il en est qu'elle
« ait contractées, tant d'années durant qu'elle a vécu après
« avoir reçu l'eau salutaire, remettez-lui, Seigneur, remet-
« tez-lui, je vous en conjure ; n'entrez pas avec elle en
« jugement. Que votre miséricorde s'élève au-dessus de
« votre justice. Vos paroles sont véritables, et vous avez
« promis aux miséricordieux miséricorde. Et vous leur
« avez donné de l'être, vous qui avez pitié de qui il vous
« plaît d'avoir pitié, et faites grâce à qui il vous plaît de
« faire grâce.

« Et n'auriez-vous pas déjà fait ce que je vous demande.
« Je le crois ; mais encore, agréez Seigneur, cette offrande
« de mon désir. Car aux approches du jour de sa dissolu-
« tion elle ne songea pas à faire somptueusement ense-

« velir, embaumer son corps ; elle ne souhaita point un
« monument choisi ; elle se soucia peu de reposer au
« pays de ses pères ; non, ce n'est pas là ce qu'elle nous
« recommanda ; elle exprima ce seul vœu que l'on fît mé-
« moire d'elle à votre autel : elle n'avait laissé passer aucun
« jour de sa vie sans assister à ses mystères. Elle savait
« bien que là se dispensait la sainte Victime par qui a été
« effacé la cédule qui nous était contraire, et vaincu l'en-
« nemi qui, dans l'exacte vérification de nos fautes, cherche
« partout une erreur, et ne trouve rien à redire en l'Auteur
« de notre victoire. Qui lui rendra son sang innocent ?
« Qui lui rendra le prix dont il a payé notre délivrance ?
« C'est au sacrement de cette Rédemption que votre ser-
« vante a attaché son âme par le lien de la foi.

« Que personne ne l'arrache à votre protection, que, ni
« par force, ni par ruse, le lion-dragon ne se dresse entre
« elle et vous. Elle ne dira pas qu'elle ne doit rien, de peur
« d'être convaincue par la malice de l'accusateur, et de lui
« être adjugée ; mais elle répondra que sa dette lui est
« remise par Celui à qui personne ne peut rendre ce qu'il
« a acquitté pour nous sans devoir.

« Qu'elle repose donc en paix avec l'homme qui fut son
« unique mari, qu'elle servit avec une patience dont elle
« vous destinait les fruits, voulant le gagner à vous. Inspi-
« rez aussi, Seigneur mon Dieu, inspirez à vos serviteurs,
« mes frères, à vos enfants, mes maîtres, que je veux
« servir de mon cœur, de ma voix et de ma plume ; tous
« tant qu'ils soient qui liront ces pages, inspirez-leur de

« se souvenir, à votre autel, de Monique, votre servante,
« et de Patrice, dans le temps son époux, dont la chair,
« grâce à vous, m'a introduit dans cette vie; comment? je
« l'ignore; qu'ils se souviennent, avec une affection pieuse,
« de ceux qui ont été mes parents à cette lumière défail-
« lante; mes frères en vous, notre Père, et en notre mère
« universelle; mes futurs concitoyens dans l'éternelle Jéru-
« salem, après laquelle le pèlerinage de votre peuple sou-
« pire depuis le départ jusqu'au retour; et que sollici-
« tées par ces Confessions, les prières de plusieurs lui
« obtiennent plus abondamment que mes seules prières,
« cette grâce qu'elle me demandait à son heure su-
« prême. »

L'humanité qui a lu les Confessions n'a pas exaucé la demande de saint Augustin. Au lieu de prier Dieu pour sa mère, elle se mit à la prier d'intercéder pour elle auprès de Dieu. Peu à peu son culte s'est répandu dans le monde entier et maintenant elle est la patronne des mères de familles.

Son corps demeura longtemps dans le modeste tombeau où son fils l'avait fait déposer; puis, à une époque inconnue, il fut transporté dans l'église de Saint-Aurée, à Ostie, d'où Martin V le fit transporter à Rome, où maintenant il est vénéré dans l'église Saint-Augustin.

Peut-être qu'en fouillant les ruines de Thagaste on dé- couvrira un jour le tombeau commun que sainte Monique avait fait construire pour Patrice et pour elle où elle vou- lait qu'une pierre annonçât à la postérité leur éternelle union. De l'église Saint-Augustin de Rome elle couvre non-seulement sa famille entière d'une gloire immortelle, mais elle proclame devant le monde entier qu'une femme peut triompher de tous les obstacles pour sauver sa famille entière.

TABLE DES MATIÈRES

LIVRE PREMIER.

DE LA NAISSANCE DE SAINTE MONIQUE JUSQU'A SON MARIAGE.

LIVRE II

SAINTE MONIQUE, MAITRESSE DE MAISON.

LIVRE III.

SAINTE MONIQUE ÉPOUSE.

LIVRE IV.

LA MÈRE.

LIVRE V.

VEUVAGE DE SAINTE MONIQUE OU CONVERSION D'AUGUSTIN.

LIVRE VI.

SAINTETÉ DE LA MÈRE D'AUGUSTIN.

ERRATA

Page 36, ligne 7, *au lieu de :* était-elle animée, *lisez :* aimée.

Page 42, ligne 13, *au lieu de :* O que, *lisez :* Oh! que.

Page 49, ligne 22, *au lieu de :* au pieds, *lisez :* aux pieds.

Page 62, ligne 17, *au lieu de :* j'insisterai, *lisez :* j'insisterais.

Page 86, ligne 15, *au lieu de :* les fins des temps, *lisez :* la fin des temps.

Page 159, ligne 6, *au lieu de :* qui te le dit, *lisez :* qui te le dis.

OUVRAGES DE L'ABBÉ SOYER

Saint-Michel et les saints Anges, considérés dans leurs relations avec le monde visible. Un joli volume in-18, de 590 pages, approuvé par neuf cardinaux, archevêques ou évêques. *Franco.*   2 50

Chez les RR. PP. Missionnaires du Mont Saint-Michel.

Il est temps de réapprendre ce qui concerne l'ange protecteur de l'Église et de la France. Cette dévotion est une des nécessités de l'heure présente.

La Vie angélique ou Imitation des saints Anges. Un joli volume in-18, approuvé par six évêques. *Franco.*   2 »

Chez Haton, éditeur, rue Bonaparte, Paris.

En quoi et comment l'homme peut-il devenir sur la terre semblable aux anges? Tel est l'objet de ce volume. Le sujet est grand; rien ne nous donne, ici-bas, de plus hautes idées de la vertu. Ce livre, dit Mgr Epivent, mort évêque d'Aire, devrait être dans les mains de toutes les personnes pieuses, et surtout des jeunes gens.

AUTRES OUVRAGES DE M. L'ABBÉ LE GOUPILS

DÉDIÉS AUX MÈRES CHRÉTIENNES

La Dette de la Paternité, un vol. grand in-18.   1 50
La Vie de la sainte Vierge et de saint Joseph, un vol. in-8°   2 50

Chez Cattier, éditeur, rue de la Scellerie, Tours.

IMPRIMERIE PAUL BOUSREZ, RUE DE LUCÉ, 5, A TOURS.

9 782014 032932